# LE DOYEN DE KILLERINE,

## HISTOIRE MORALE,

composée sur les Mémoires d'une illustre famille d'Irlande ;

Et ornée de tout ce qui peut rendre une lecture utile & agréable.

Par l'Auteur des Mémoires d'un Homme de Qualité.

## QUATRIEME PARTIE.

A LA HAYE,

Chez PIERRE POPIE, Libraire.

M. DCC. LXXI.

# LE DOYEN
# DE KILLERINE.

## LIVRE SEPTIEME.

L'ARRIVÉE du Comte de S... qui avoit suivi de près mes freres, & que je rencontrai en quittant l'appartement de ma belle-sœur, augmenta la confiance que j'avois déjà aux résolutions de Patrice. Je me figurai que la vue de tant de témoins alloit être un soutien contre sa foiblesse, & comme la caution des promesses que je voulois tirer solemnellement de sa bouche. Rose & le Médecin n'avoient pas quitté mademoiselle de L.... Je croyois Tenermill avec eux; & j'engageai le Comte à nous accompagner, en lui expliquant ouvertement ce que j'espérois de la vertu de Patrice.

Mais un signe triste & lugubre, par lequel ma sœur sembloit nous défendre d'avancer, me fit connoître que la situation de mademoiselle de L.... étoit devenue plus dangereuse. J'avois amené Patrice & le Comte sans précaution.

A

Leur furprife, autant que l'impoffibilité de leur
déguifer des circonftances qui s'annonçoient
d'elles-mêmes, me força de leur apprendre l'ac-
cident-prefque fubit qui avoit réduit mademoifelle de L.... à l'extrêmité. Patrice ne me laiffa
point le temps d'achever. Il m'échappa avec un
tranfport fi déclaré, que j'y crus voir la ruine
de toutes mes efpérances. S'il lui refta quelque ménagement, ce ne fut que pour le repos
d'une perfonne à la vie de laquelle il attachoit la
fienne, & qu'il croyoit plus mal encore que je
ne l'avois repréfentée. J'obfervai l'air tremblant
dont il aborda fa fœur. Il la prit par les mains ;
& fans l'entendre, je jugeai trop aifément de ce
qu'il lui demandoit dans la pofture la plus touchante & la plus paffionnée : le chagrin que j'en
reffentis m'empêcha d'entrer après lui. Je demeurai avec le Comte à la porte de l'appate-
ment, dans une extrême impatience de voir
finir cette fcene.

Rofe, en achevant de lui expliquer ce qu'il
n'avoit pas eu la force d'entendre de moi, lui
dit, apparemment pour flatter fa douleur, qu'il
pouvoit s'approcher du lit de mademoifelle de
L..... & juger de fon abattement par fes yeux,
pourvu qu'il ne l'excitât point à parler. Le Médecin ne lui impofant pas non plus d'autre loi,
il faifit leur penfée au premier mot pour fe précipiter à genoux auprès d'elle. Que j'appris bien
à diftinguer en un moment les foins & les ar-
deurs de l'amour, des fimples mouvements du
devoir ! Que je le trouvai différent de ce qu'il
m'avoit paru près de fon époufe ! La main de fon
amante étoit fur le bord du lit. Il la prit malgré le
mouvement qu'elle fembla faire pour la retirer.
Il y colla fes levres, en y paroiffant réunir tous
les fentimens de fon ame ; & s'il fut fidele à la con-

dition qu'on lui avoit impofée de garder le filence, mille foupirs qu'il ne penfoit pas à contraindre, m'aprirent affez quelle avoit été mon erreur
lorfque je l'avois cru prêt de vaincre fa paffion,
ou réfolu du moins de la combattre. Tout l'abattement de mademoifelle de L..... ne l'empêcha
point d'ouvrir les yeux pour le confidérer un moment. Je remarquai qu'elle ferra fa main, & faifant quelques efforts pour parler : ne vous affli-
gez pas trop, lui dit-elle, retournez à votre époufe, & vivez bien enfemble. Mais n'oubliez jamais que je vous ai affez aimé pour mourir du regret de ne pouvoir être à vous. Ici les plaintes de
Patrice éclaterent avec fes larmes. Elles auroient
peut-être eu d'autres fuites, fi le Médecin n'eût
exigé abfolument qu'il fe retirât, en fe plaignant
qu'il obfervoit mal fa promeffe.

Je le reçus à la porte, où j'étois encore avec le
Comte, & le preffant de m'accorder quelques
momens d'entretien, je m'enfonçai avec lui dans
une allée du jardin. Il fe laiffa comme entraîner,
& d'abord il parut auffi fourd à mes careffes qu'à
mes reproches. Mais le conjurant enfin de m'é-
couter, & fixant les yeux fur lui : le trouble de
votre cœur, lui dis-je, fe fait déjà fentir à votre
raifon, & je prévois que nous ferons trop heureux fi votre honneur fe fauve du même péril.
Cependant un fi affreux défordre peut-il être
l'ouvrage d'une heure ? Je vous ai vu tantôt du
goût pour votre devoir : ne le défavouez pas ;
mes yeux ne m'ont pas trompé : l'infortune de
votre époufe vous avoit touché, & vous penfiez
fincérement à lui rendre ce que vous devez à fes
larmes & à fa vertu. Un autre fentiment l'emporte, & je la vois facrifiée à de nouvelles raifons qui ne font pas plus fortes que celles que
vous aviez furmontées. Il m'interrompit, & je

confeffe encore que l'air de fureur qui fe répan-
dit tout-d'un-coup fur fon vifage me caufa autant d'effroi que fa réponfe. Je l'avois connu depuis fon enfance pour le plus doux de tous les
hommes, & dans tous les excès où fa paffion l'a-
voit porté, je n'avois encore été témoin de rien
qui eût démenti abfolument ce caractere. Au
milieu même de la confternation où le danger de
mademoifelle de L..... l'avoit jetté, j'avois cru
remarquer plus d'attendriffement que de colere,
& je l'aurois plutôt foupçonné de ne faire aucune attention à mon difcours, que d'en méditer un dont le but étoit de m'outrager. Cependant avec plus d'emportement que je n'ai pu
le faire entendre, il me reprocha de l'avoir perdu par mes confeils; & joignant à ce reproche
les noms les plus odieux, il jura que ma vie
lui répondroit de celle de fon amante. A quelques mots que je repris timidement pour ma
juftification, il continua de répondre par un
torrent d'injures, & fes derniers termes furent
un adieu terrible, par lequel il renonça pour
jamais à me voir & à m'entendre.

Il reprit le chemin de la maifon, en me faifant
figne de la main de me garder de le fuivre; &
l'ayant obfervé auffi long-tems que je le pus conduire des yeux, je ne doutai point qu'il ne fût rentré dans l'appartement de mademoifelle de L.....

Je demeurai immobile. Un langage fi dur &
des menaces fi furieufes m'auroient caufé peu
d'étonnement de la part de Tenermill. Mais de
celle de Patrice, dans la bouche de ce cher &
aimable frere à qui le fang ne m'attachoit pas
plus que l'eftime & l'amitié, je fentis que leur
impreffion étoit plus forte que ma patience, &
dans le premier mouvement de ma douleur je
ne fus capable que de verfer des larmes.

Cependant un intérêt bien plus sensible que le mien me fit regarder cet abattement comme une foiblesse. Je ne me flattai plus de conserver le moindre ascendant sur des esprits révoltés contre ma tendresse & contre mes soins; mais je pris deux résolutions dont il me sembla que ni craintes ni ménagements ne seroient jamais capables de m'écarter; l'une de m'opposer ouvertement à toutes les entreprises auxquelles je devois m'attendre après l'emportement de Patrice; & l'autre, de m'attacher constamment auprès de ma Belle-sœur, pour lui rendre tous les services que je devois à sa vertu. Je ne pensai qu'à retourner auprès d'elle, indifférent désormais pour la conduite de mademoiselle de L..... autant que pour les suites de sa maladie, & revenu même de mon ancien zele pour mes freres, jusqu'à m'imaginer que leur ingratitude avoit éteint dans mon cœur tous les sentiments de la nature.

Je n'avois pas vu Tenermill depuis son arrivée. Il n'étoit pas dans l'appartement de mademoiselle de L..... lorsque j'y étois entré avec Patrice, & je n'avois pas pensé à m'informer de ce qu'il étoit devenu; mais en m'aprochant de celui de ma belle-sœur, j'appris qu'il lui avoit fait demander la permission de la voir; & qu'ayant même désiré de l'entretenir sans témoins, il avoit écarté tous les gens qui la servoient. Ses vues me parurent si suspectes, que je fus prêt d'entrer brusquement pour l'interrompre. Mais ne pouvant le croire capable aussi d'insulter de sang froid une femme qui ne l'avoit point offensé, ni de manquer même aux égards qu'il devoit à son sexe, je craignis que ma présence & les reproches que j'aurois peine à contenir ne fussent plus propres à l'échauffer que ses propres dispositions, & je pris le parti d'attendre qu'il sortît volontai-

rement. Ma réfolution n'étoit pas moins d'apren-
dre de lui-même quel nouvel intérêt l'avoit conduit dans un lieu où il devoit craindre d'être
fouffert avec peine. Je l'attendis long-temps:
enfin le voyant paroître, je l'abordai avec affez
d'inquiétude pour me figurer qu'il en pouvoit
découvrir une partie fur mon vifage. Mon défordre ne fervit qu'à augmenter fa confiance.
Il me prévint d'un air tranquille, en m'affurant
que, malgré toute la chaleur que je lui avois vu
pour fervir Patrice, il avoit plaint ma belle-
fœur, & que c'étoit avec joie qu'il voyoit leur
réconciliation. Je fuis venu ici, continua-t-il,
pour marquer ces fentiments à Myladi, & l'entretien que j'ai eu avec elle n'a fait que les augmenter. Il ajouta que fon frere étoit trop heureux d'être le mari d'une femme fi aimable, &
qu'il vouloit le chercher au même moment pour
lui en parler dans ces termes.

Ce changement inefpéré diffipa toute l'amertume de mon cœur. Tenermill étoit beaucoup
plus redoutable pour moi que Patrice; & dans
l'excès où celui-ci venoit de s'emporter, ja-
vois déjà penfé qu'il eût gardé plus de ménagement s'il n'eût compté d'avoir toujours fon
frere dans fes intérêts. Avec la hauteur & les
fauffes maximes que j'ai mille fois dépeintes,
je connoiffois à Tenermill une droiture qui le
rendoit incapable d'artifice & de diffimulation.
S'il prenoit une fois parti pour ma belle-fœur,
j'étois perfuadé qu'il fe déclareroit ouvertement
pour elle, & c'étoit vaincre Patrice que de lui
ôter un appui fans lequel il n'auroit jamais la
force de fe foutenir. Dans cette idée, qui rendit prefque auffi-tôt le calme à mon efprit, je
l'embraffai avec des larmes de joie, & je me
hâtai d'ajouter à l'avantage de ma belle-fœur

tout ce que ma mémoire pût se rappeller de plus touchant. Il applaudit à chaque circonstance de mon discours. Je me livrai à l'espérance de l'avoir gagné tout-à-fait, & ne pensant plus qu'à le prévenir sur le nouvel emportement de son frere, je lui racontai ce qui venoit de m'arriver avec lui dans le jardin, comme si je l'eusse déjà cru aussi ardent & aussi intéressé que moi à faire rentrer Patrice dans son devoir.

Il m'écouta avec différentes marques d'étonnement. Je croyois démêler aussi dans ses yeux un air de réflexion profonde, qui ne portoit pas directement sur le sujet de notre entretien, & qui l'attachoit beaucoup plus que toutes les circonstances que je lui racontai. Enfin revenant comme à lui-même : il faut confesser, me dit-il, que la passion de mon frere pour mademoiselle de L... est extrême ; & quand je l'ai vu céder si facilement à nos projets de réconciliation, je me suis défié de la sincérité de son cœur. Mylady est à plaindre, reprit-il après avoir recommencé un moment à rêver; je n'augure rien d'heureux pour elle de toutes ces variations ; & si elle étoit capable d'ouvrir les yeux..... Il s'interrompit. Je veux voir mon frere, ajouta-t-il avec feu, & lui demander ce qu'il se propose par tant de caprices ; je vous informerai de ses dispositions. En me quittant, il me pria, si j'entrois chez ma belle sœur, de l'assurer que dans les discours qu'il lui avoit tenus sa bouche n'avoit rien dit qui ne s'accordât avec ses sentiments, & qu'il ne fût résolu de lui prouver par toute sa conduite.

L'obscurité où il me laissoit me fit entrer dans l'appartement avec beaucoup d'impatience. Je reconnus bientôt qu'elle avoit été fort satisfaite elle-même de sa visite & de ses discours. Il lui

*IV. Partie.*                                     B

en reſtoit un air de joie qui avoit produit preſ-
qu'autant d'effet pour le rétabliſſement de ſes
forces, que celle qu'elle avoit eue de revoir ſon
mari. Elle n'attendit pas que je lui en marquaſſe
la mienne. Ses premiers diſcours furent de re-
merciement de mes ſoins, auxquels elle attribuoit l'heureux changement de ſon ſort, & je
vis combien il eſt aiſé de flatter un cœur tendre
par le retour des plus ſimples eſpérances. Je me
gardai bien de la détromper. Mais prenant d'un
moment d'entretien tout ce qui pouvoit confirmer l'opinion que Tenermill m'avoit fait
concevoir de ſon changement, je recommen-
çai à me promettre que les fureurs de Patrice
s'éteindroient auſſi facilement qu'elles s'étoient
allumées, ou du moins céderoient tôt ou tard
aux efforts réunis de toute ſa famille. Il ne pouvoit m'en coûter beaucoup pour ramener Roſe, & le ſecours du Comte de S.... ne m'étoit
pas moins aſſuré. Frere ingrat & léger, vous
êtes à nous, fus-je prêt à m'écrier ; nous vous
rendrons malgré vous, & à la vertu, pour laquelle vous êtes plus fait que vous ne le penſez
vous-même, & à l'amour qui vous réſerve plus
de bonheur que vous n'oſez en attendre.

Il me reſtoit néanmoins à découvrir ce qui
avoit pu mettre un ſi prompt changement dans
les idées de Tenermill. Je n'avois pas preſſé
là-deſſus ma belle-ſœur. Il n'étoit pas temps
de lui marquer que la cauſe de ſa joie m'inſ-
piroit de la ſurpriſe. Mais ayant rencontré le
Comte de S.... que je croyois déſormais plus
digne de ma confiance que mes freres, je ne fis
pas difficulté de lui parler avec une ouverture
que les circonſtances ne m'avoient pas encore
permiſe avec lui depuis mon retour. Il ignoroit
comme moi les ſentiments de Tenermill ; mais

ſe faiſant un devoir de répondre à mon amitié
par une égale franchiſe, il me confeſſa que ce
qu'il venoit d'entendre lui faiſoit croire la réconciliation de Patrice moins ſincere, & par
conſéquent plus éloignée que jamais. Après
m'avoir quitté au jardin, il étoit rentré dans l'appartement de mademoiſelle de L..., & s'aban-
donnant à tous les tranſports qu'il avoit retenus
en ma préſence, il lui avoit juré non-ſeulement
que ſa mort étoit infaillible après la ſienne, mais
que ſi elle prenoit aſſez de confiance à ſes ſentiments pour ſouhaiter de vivre en faveur
d'un amant ſi tendre & ſi fidele, il ne vouloit
reſpirer lui-même que pour être à elle, en rom-
pant tous les obſtacles qui l'avoient arrêté. Il
avoit parlé de ſon divorce comme d'une réſolution auſſi inébranlable que ſon amour, & de
ſa femme comme d'un poids fatal dont il vouloit ſe délivrer à toutes ſortes de prix. Toute
la vertu que ma ſœur avoit attribuée à mademoiſelle de L... ne l'avoit pas empêchée d'ê-
tre ſenſible à ces proteſtations; & l'accident qui
avoit fait craindre pour ſa vie commençoit à
ſe diſſiper ſi heureuſement, qu'il étoit aiſé de
voir qu'elle n'avoit point eu d'autre maladie
que le déſeſpoir de l'amour, ni beſoin d'autre
remede que les careſſes de ſon amant.

Soutenu comme je l'étois encore par l'eſpérance que je fondois ſur le ſecours de Tenermill, je m'alarmai ſi peu de la relation du
Comte, que dans la confiance dont mon cœur
étoit rempli, j'allai juſqu'à prendre la défenſe
du foible Patrice. Je comprends, dis-je au Comte, qu'à la vue de ce qu'il aime, & tremblant
d'un péril que je lui ai repréſenté moi-même
avec trop peu de ménagement, il a pu manquer
de modération. L'amour eſt une malheureuſe

paſſion dont vous m'avez tous apris à connoître la force. Mais loin de prendre une plus fâcheuſe opinion de l'avenir, je me réjouis, ajoutai-je, que le changement qui arrive à mademoiſelle de L.... nous faſſe bientôt eſpérer ſon rétabliſſement. La ſanté ne lui reviendra point ſans qu'elle ſente auſſi-tôt que la bienſéance l'oblige de retourner à Paris ; & les moyens de l'en faire ſouvenir ne nous manqueroient pas ſi elle paroiſſoit l'oublier. Patrice livré à nos conſeils & à nos inſtances, réſiſtera peu lorſqu'il ſera éloigné d'elle, & qu'il verra toute ſa famille réunie pour le combattre. Il n'eſt queſtion que de le flatter avec adreſſe, & d'éviter pendant quelques jours tout ce qui pourroit le porter à des réſolutions violentes. Le Comte aprouva mes idées, mais il parut douter qu'elles euſſent le ſuccès que je ſemblois m'en promettre.

Cependant je me hâtai de les communiquer à Roſe, & l'ayant fait entrer dans mes vues, je me réduiſis à demander d'elle que, dans l'eſpace que je croyois néceſſaire à mademoiſelle de L.... pour achever de ſe rétablir, elle fût aſſez fidelle à l'obſerver pour ne jamais laiſſer à ſon frere la liberté d'être ſeul avec elle. Quelqu'opinion que j'aimaſſe à me former de leur vertu, j'avois peine à me perſuader qu'avec tant d'amour & la facilité de ſe voir ils puſſent ſe ſouvenir conſtamment dans quelles bornes ils étoient obligés de ſe contenir, & je ſentois que pour l'un & l'autre le dernier des malheurs étoit de les oublier.

La conduite que je me propoſai moi-même fut de me renfermer dans ma chambre, & d'y vivre avec peu de communication au-dehors, en attendant que le nuage vînt à s'éclaircir. Le Médecin, qui ne tarda point à s'appercevoir du changement avantageux qui s'étoit fait dans ſes

deux malades, changea de langage fur le fujet
de fes premieres craintes, & ne m'en parla plus
que d'un ton propre à guérir abfolument toutes les miennes. Il m'en reftoit une néanmoins
qui auroit pu renouveller toutes les autres. Le
foulagement de ma belle-fœur paroiffant dépendre entiérement des complaifances de fon
mari, j'appréhendois qu'elle ne recommençât à
fe fentir bientôt de la privation d'un fi puiffant
remede. Il ne falloit pas l'efpérer dans une con-
jonéturé où ce que j'avois à prétendre de plus
heureux étoit de lui diffimuler les nouveaux
outrages qu'elle recevoit de fon ingrat. Mais
Tenermill à qui j'expliquai mes alarmes, en
affeétant de le confulter comme fi je l'euffe cru
abfolument dans les intérêts de ma belle-fœur,
s'engagea volontairement à fuppléer par fes
foins aux devoirs de fon frere, & même à co-
lorer fon abfence de quelque prétexte qui ne
laifferoit rien à foupçonner pour fes fentiments.
L'expérience me répondoit du fond que je pouvois faire fur cette promeffe, & je penfois d'ailleurs à ne rien négliger de mon côté pour fe-
conder mon zele.

Il fe paffa deux jours pendant lefquels je n'appris rien qui ne s'accordât avec mes efpérances.
Il eft vrai que Patrice ne s'éloigna prefque pas
un moment de mademoifelle de L..., & qu'abu-
fant de la liberté où il étoit peut-être furpris lui-
même de fe trouver fous mes yeux, & en quelque forte fous ceux de fa femme, il parut oublier
qu'il eût d'autres intérêts que ceux de fon amour,
ou d'autres foins que celui de confoler & de
fervir fa maîtreffe. En gémiffant de cet excès
d'aveuglement, je m'excitois à la patience par
l'efpoir d'être inceffamment délivré d'une fcene
fi odieufe, & de la faire même fervir au fuc-

cès de mon deſſein, en prenant occaſion d'un
égarement de cette nature pour faire ſentir à
mon foible frere toute la honte de ſa conduite.
Roſe, qui étoit fidelle à ne les pas perdre de
vue, & le Comte de S..., que le plaiſir d'être
avec elle ne rendoit pas moins aſſidu auprès
d'eux, m'aſſuroient conſtamment que la ſageſſe & l'honneur régloient tous leurs diſcours, &
juſqu'à leurs careſſes & leur familiarité. Char-
més de ſe voir ſans contrainte, & de pouvoir ſe
répéter à tous moments qu'ils vouloient vivre
l'un pour l'autre, il ſembloit, me diſoit ma ſœur,
qu'ils ne portaſſent point leur attention ni leurs
déſirs plus loin. Elle les comparoit à deux en-
fants tendres & ingénus, qui trouvent de la
douceur à ſe voir, ſans chercher pourquoi ils
ſe plaiſent, & ſans prétendre autre choſe que
la ſatisfaction de s'aimer. Vous-même, me
diſoit-elle, vous ſeriez charmé de voir tant
d'amour avec tant de ſimplicité & d'innocence.

Je n'avois pas de peine à me figurer comment
ce ſpectacle pouvoit paroître ſi aimable aux yeux
de Roſe; & je n'en aurois pas été moins alarmé,
ſi l'état de Mademoiſelle de L.... n'eût été propre à me raſſurer. Toutes mes craintes ſe tour-
noient donc du côté de ma belle-ſœur, à qui
je prévoyois qu'il ſeroit difficile d'en impoſer
long-temps. Quel prétexte pour excuſer l'abſence de ſon mari, dans des circonſtances où rien
ne pouvoit le diſpenſer d'être auprès d'elle; &
s'il n'étoit pas capable de la voir du moins par
complaiſance, quel moyen de la ſoutenir dans
l'idée que nous lui avions fait prendre de ſa
réconciliation? Cette réflexion me cauſoit tant
de timidité & d'embarras, qu'à peine me ſen-
tois-je la hardieſſe de paroître dans ſon appartement; & ſachant que Tenermill continuoit de
la voir aſſidument, je commençois à me re-

poſer ſur lui de la conciliation de tant d'intérêts.
J'affectai même de garder ma chambre pendant quelques jours, ſous le prétexte qu'une
légere indiſpoſition m'offrit aſſez naturellement, & je me réduiſis à faire demander des
nouvelles de ce qui ſe paſſoit autour de moi.

A la fin, le repos même où l'on paroiſſoit
comme s'endormir de tous côtés, me devint
auſſi ſuſpect que le trouble dont j'avois appréhendé les effets. Tandis que ma tendreſſe &
mon zele me tenoient dans l'inquiétude, je me
voyois négligé; & ni ma belle-ſœur, qui avoit
tant d'intérêts à ſe conſerver mon affection, ni
Tenermill, qui ne pouvoit ignorer mon incommodité, ne me faiſoient témoigner par aucune
marque d'attention qu'ils priſſent la moindre
part au dérangement de ma ſanté. Roſe & le
Comte étoient les ſeuls dont je reçuſſe la viſite ;
mais en m'apprenant qu'ils ne remarquoient
point de changement dans la conduite de Patrice, & qu'il n'y en avoit point aſſez non plus
dans la ſituation de mademoiſelle de L.... pour
lui permettre de retourner à Paris, ils me conſeſ-
ſoient qu'ils étoient mal informés de celle de
ma belle-ſœur. Tenermill, dont ils reconnoiſ-
ſoient eux-mêmes que les diſpoſitions étoient
fort changées, les avoit priés de ſe borner au
ſoin de Patrice & de ſon amante. Il ſe réſer-
voit, leur avoit-il dit, celui de guérir les inquiétudes & de ménager la ſanté de ma belle-
ſœur. Soit qu'il la trompât par des chimeres,
ſoit que ſon adreſſe ſurpaſſât la mienne, il étoit
parvenu effectivement à calmer ſon eſprit ou à
modérer du moins les agitations qui avoient altéré ſa ſanté. Il étoit preſque ſans ceſſe auprès
d'elle ; & dans l'intervalle de ſes viſites, il ne
demandoit à voir que ſon frere, avec lequel il

B 4

avoit souvent de fort longs entretiens.

Quoique le penchant de mon cœur me por-
tât toujours à juger favorablement des apparences, je pris le parti de rentrer en quelque sorte
dans cette obscurité, pour y trouver ou pour
y répandre quelque jour. Tenermill, à qui je
m'adressai d'abord, parut recevoir ma visite avec
quelque embarras. Il me fit des excuses d'avoir
passé une semaine entiere sans me voir, & re-
jettant sa négligence sur l'assiduité continuelle
qu'il s'étoit cru obligé d'avoir auprès de Myladi, il passa tout-d'un-coup à me raconter le
succès de ses soins. L'aversion de Patrice, me
dit-il, étoit un caprice qu'il ne pouvoit comprendre, & quelques jours de connoissance lui
ayant fait découvrir tout le mérite de notre malheureuse belle-sœur, il avoit trouvé de si fortes
raisons de l'estimer, qu'il vouloit à toutes sortes de prix lui procurer un sort plus heureux.
Il avoit commencé par dissiper un peu le trouble de son imagination, en lui marquant de
quelles préventions il étoit revenu, & quel zele il vouloit avoir désormais pour son service.
Elle avoit été si sensible à la joie de le voir
entrer dans ses intérêts, qu'il l'avoit facilement
disposée à goûter les prétextes dont il avoit
coloré l'absence de son mari; & depuis ce temps-
là il l'avoit entretenue dans le même calme,
en l'assurant qu'il étoit uniquement occupé de
son bonheur, & qu'il osoit lui répondre de l'é-
tablir d'une maniere inébranlable. En effet, continua-t-il d'un air encore plus embarrassé, je
puis lui en offrir une voie infaillible, & si je tar-
de à la lui proposer, c'est pour lui laisser le temps
de revenir par degrés de ses longues agitations.
Peut-être ne la goûteroit-elle pas encore; mais
elle reconnoîtra tôt ou tard que dans sa situation elle n'a rien à espérer de plus avantageux,

Ce discours me causa beaucoup de surprise:
comment doutez-vous, me hâtai-je de répondre, qu'elle ne reçoive avidement tout ce qui
peut assurer la fin de ses peines? Si quelque chose est capable de vous arrêter, c'est du côté de
votre frère, dont j'apréhende plus que jamais la
résistance. Au contraire, reprit Tenermill en
rougissant, Patrice approuve mes vues, & mon
embarras n'est qu'à les faire goûter à Myladi.
Vous nous seconderez sans doute, ajouta-t-il,
dans une entreprise qui importe également à
l'honneur & au repos de notre famille. Sa rou-
geur qui me paroissoit augmenter, & la difficulté
qu'il avoit à s'ouvrir, me faisant chercher dans
moi-même à pénétrer le sens d'un discours si
mystérieux, il me tira de cette distraction en me
priant avec plus de soumission & de douceur
qu'il n'en avoit jamais marqué pour moi, d'être
quelques jours encore sans voir ma belle-sœur.
Tout ce que vous auriez à vous proposer, me
dit-il, seroit de la rendre tranquille. Elle l'est par
mes soins. Votre incommodité est un prétexte
qui peut durer encore, & que je ferai valoir
auprès d'elle pour vous servir d'excuse.

Il me quitta en renouvellant sa priere avec
beaucoup d'instances; & quoique cet empressement ne fît qu'augmenter mes incertitudes, la
confiance que j'avois du moins à son honneur,
m'arracha une promesse qui devoit contribuer
suivant la sienne à produire de si heureux effets.
Ce que je pus m'imaginer de plus vraisembla-
ble en méditant sur notre entretien, fut que Patrice attendoit pour se rendre à son devoir, que
mademoiselle de L.... fût rétablie, & qu'elle
eût quitté notre maison. Mais si j'expliquois par-
là les difficultés que Tenermill appréhendoit
du côté de ma belle-sœur, comment pouvois-

je m'imaginer qu'il y en eût à craindre si peu
de la part de Patrice, lorſque je le voyois plus
enivré que jamais de ſon amour, & ſi indifférent pour ſon épouſe, qu'il bornoit tous ſes
ſoins à s'informer ſi elle paroiſſoit ſe rétablir ?

Cependant ſon mal & celui de mademoiſelle
de L... n'étant plus aſſez preſſants pour nous
cauſer les mêmes craintes, le Comte de S...,
dont la paſſion ne ſe refroidiſſoit point parmi
tant d'orages, me propoſa de conclure ſon mariage avec ma ſœur. Elle entra peu de moments
après lui dans ma chambre, & quoique le hazard parût l'avoir amenée, je démêlai aiſément
que cette viſite ſe faiſoit de concert. Jamais l'a-
mour n'avoit eu droit de s'expliquer avec plus
de confiance. Il étoit conduit par l'honneur &
la modération ; & n'ayant ni déſordre, ni foibleſſe à ſe reprocher, il ne devoit s'attendre qu'à
de juſtes éloges. Auſſi ne leur fis-je point demander deux fois mon conſentement. Venez,
dis-je à Roſe en l'embraſſant ; & ſi vous connoiſſez quelque choſe qui puiſſe augmenter votre bonheur, faites vous-même le mien en m'a-
prenant que c'eſt de moi que vous pouvez le
recevoir. Elle me répondit modeſtement qu'elle
n'avoit point d'autres volontés que celles du
Comte, & qu'elle ſeroit ſatisfaite lorſqu'il n'auroit rien à déſirer. Il ſentit lui-même qu'au milieu
des inquiétudes qui troubloient encore notre repos, il ne devoit point penſer à des fêtes éclatan-
tes. Ce qu'il me demandoit pouvoit être exécuté ſans bruit & ſans nous éloigner de nos murs.
Je lui abandonnai le ſoin des formalités qui dé-
pendent de l'autorité eccléſiaſtique ; ſon crédit
les fit abréger. Enfin l'heureuſe Roſe recueillit
dans les bras d'un des plus aimables hommes
du monde le prix de ſon amour & de ſa vertu.

Le Comte ayant sa maison à Paris, j'avois quelque honte de résister à l'empressement qu'il me marqua de s'y rendre avec son épouse, pour lui abandonner sur tous ses biens le même empire dont elle étoit depuis long-temps en possession sur son cœur. Il étoit si étroitement logé aux Saisons, que c'étoit une forte raison de consentir à son départ. Mais je croyois prévoir que sa présence seroit quelque jour nécessaire à nos intérêts domestiques, & je commençois à craindre que ce temps ne fût pas fort éloigné. Toutes les précautions de Tenermill n'avoient pas empêché que ma belle-sœur n'eût découvert que sa rivale étoit aux Saisons. Elle étoit descendue au jardin sans autre compagnie qu'une femme de chambre, & le hazard avoit voulu que Patrice y fût alors à se promener seul. La crainte, plutôt que la haine, avoit porté mon foible frere à prendre la fuite, & l'amour ou le ressentiment avoit fait marcher son épouse sur ses traces. Il étoit entré dans l'appartement de mademoiselle de L... qui se trouvoit le premier sur sa route ; & quoique Myladi eût été trop irritée de sa fuite, pour entreprendre malgré lui de le joindre, elle avoit observé assez curieusement le dehors du lieu où il étoit entré, pour reconnoître qu'il étoit habité par une femme. Elle avoit dissimulé ses soupçons, mais ils avoient été vérifiés dès le même jour par l'aveu de Tenermill, qui n'avoit pu se défendre contre ses instances, ou qui s'étoit flatté de tirer de cette confession quelque avantage pour ses propres vues.

J'avois d'abord ignoré cet incident ; mais le redoublement des larmes & de l'infirmité de ma belle-sœur m'en avoit fait soupçonner quel-

que sujet extraordinaire, Comme on n'avoit
point pensé à lui cacher le mariage de Rose,
j'avois pris occasion de cette cérémonie pour la
voir. Tenermill, avec toute l'adresse qu'il avoit
employée pour éloigner les ouvertures qu'il
craignoit entre nous dans cette visite, n'avoit
pu étouffer dans la bouche de Myladi ni dans
la mienne, quelques-unes de ces expressions
vagues qui échappent toujours à la vivacité du
sentiment. Elle en avoit assez entendu de moi
pour juger que ce n'étoit pas sans raison que
je m'étois privé de le voir, & j'avois compris
aussi, par les plaintes qu'elle n'avoit pu retenir,
autant que par l'abattement de son visage, qu'il
lui étoit arrivé quelque nouveau sujet de tristesse qu'elle s'efforçoit inutilement de déguiser. Tenermill, à qui j'avois demandé d'autres
explications, m'avoit appris l'aventure du jardin, mais sans y ajouter encore l'ouverture de
ses desseins ; & par les mêmes raisons dont il
s'étoit servi pour m'engager à garder certains
ménagements dans ma visite, il m'avoit persuadé qu'il n'étoit pas à propos qu'il s'ouvrît davantage. La cérémonie du mariage de ma sœur
s'étoit conclue, & l'état où étoit Myladi l'avoit
dispensée d'y assister ; de sorte que de la part
de Patrice, qui affectoit plus que jamais d'é-
viter mon approche, comme de celle de Tenermill, qui me sembloit occupé d'un projet extraordinaire, & de celle même de ma belle-
sœur, dont les peines étoient augmentées visiblement, j'avois lieu d'appréhender quelque
nouvelle révolution, qui me faisoit souhaiter le
secours ou le conseil d'un ami tel que le Comte.

Sa femme, à qui je ne dois plus donner d'autre nom que celui d'un mari si estimable, eut
part aux instances par lesquelles je m'efforçai

de l'arrêter ; & se rendant comme lui à la force de mes raisons, elle y en joignit une qu'elle se reprocha de ne m'avoir pas révélée plutôt. Dans les entretiens secrets que Tenermill s'étoit ménagé avec Patrice, ils n'avoient pas toujours gardé assez de précaution pour n'être pas entendus. La curiosité ayant fait quelquefois prêter l'oreille à la Comtesse, elle savoit de leur propre bouche que loin d'avoir abandonné l'ancien projet de séparation, Patrice ne désiroit rien avec tant d'impatience, & que s'il en avoit beaucoup aussi de voir mademoiselle de L.... assez bien pour quitter les Saisons, c'étoit dans l'espérance de terminer plus facilement cette malheureuse entreprise. Mais ce que je ne me serois jamais persuadé, sur tout autre témoignage que celui de ma sœur, Tenermill, malgré la compassion & le zele qu'il sembloit affecter depuis quelque temps, & qu'il m'avoit témoignés lui-même pour lui-même, entroit avec plus d'ardeur que jamais dans la résolution de son frere, & cherchoit de concert avec lui les moyens les plus propres d'en assurer le succès. C'étoit tout ce que les soins de ma sœur avoient pu lui faire entendre, & elle me confessoit avec honte que la crainte de chagriner Patrice l'avoit empêchée de m'en avertir.

Je ne donnerai point le nom de charité chrétienne au mouvement dont je me sentis animé en l'écoutant. L'horreur pour l'imposture & pour la trahison n'a pas besoin d'autre motif que la probité naturelle, & je ne fais pas remonter mon zele plus loin. Les détours & les ménagements m'auroient contraint. Je cherchai sur le champ Tenermill, & l'abordant sans précautions ? Vous avez donc renoncé, lui dis-je, à tout reste d'humanité & d'honneur ? Le men-

fonge, la perfidie, rien n'eſt aſſez noir pour
vous inſpirer de l'horreur & pour vous cauſer
du remords. Vous prétendriez en vain m'en impoſer, ajoutai-je en voyant quelque marque de
trouble ſur ſon viſage ; je ſais tout, j'ai tout
appris : ma triſte belle-ſœur ſera informée à ce
moment de votre trahiſon. Ainſi, repris-je avec
le même feu, ce n'étoit pas aſſez d'avoir pris
parti contr'elle avant que de la voir, & de l'a-
voir perſécutée ſans la connoître, vous abuſez
aujourd'hui de ſa confiance pour aſſurer mieux
ſa ruine, & c'eſt à l'ombre de l'amitié que vous
ſatisfaites cruellement votre haine. Je voulus le
quitter, en jettant ſur lui un regard d'indignation, & mon deſſein étoit d'entrer effectivе-
ment dans l'appartement de ma belle-ſœur, pour
lui apprendre de qui elle devoit ſe défier. Il
m'arrêta avec un vif empreſſement. Ses yeux,
quoiqu'agités d'un mouvement extraordinaire,
ne m'offroient rien qui ſentît le dépit ou la colere. Le ton même de ſa voix ne fut point auſſi
ferme que le reſſentiment de mes accuſations
pouvoit le rendre dans un caractere tel que le
ſien. Il me preſſa de l'écouter. Je juge par vos
reproches, me dit-il, que vous êtes mal informé de mes deſſeins, & que vous connoiſſez
encore moins mes ſentiments. Ne précipitez rien
& prenons quelque temps pour nous expliquer.

Cette modération à laquelle je m'attendois
ſi peu, m'ayant diſpoſé à l'entendre, il me prit
par la main, comme s'il eût appréhendé que je
ne penſaſſe encore à le quitter pour me rendre
chez ma belle-ſœur. Je n'ai jamais eu de haine
pour Myladi, me dit-il d'un air ſi doux, que
dans un autre je l'aurois pris pour timidité, &
ce que vous nommez mes perſécutions n'a jamais été que le déſir de rendre ſervice à mon

frere. Je le plains de connoître si mal le prix
du tréfor qu'il poffede. Il méprife un bien que
mille autres acheteroient de tout leur fang. Je
ne lui tiens point d'autre langage, & vous le
faurez de lui-même quand il voudra vous le con-
feffer. A l'égard de Myladi, je me fuis, efforcé de la confoler par l'efpérance d'un meilleur
fort. Je lui ai fait des promeffes qui font fince-
res & qui ont eu la force de calmer fon imagination. Il n'y a que l'aventure du jardin qui
ait troublé mon entreprife. Elle croyoit mon
frere à Paris ; j'ai eu befoin de mille efforts
pour le juftifier, ou, fi vous l'aimez mieux,
pour la tromper ; car avec fi peu d'affurance
de lui rendre jamais fon mari, vous vous figu-
rez bien que ce n'eft qu'à force d'erreurs qu'elle peut retrouver fon repos. Cependant je me
flatte que fes illufions mêmes tourneront à fon
avantage ; & vous ne donnerez pas le nom de
perfidie à ma conduite, lorfqu'elle fera heureufement juftifiée par le fuccès.

Je ne vis dans une explication fi vague qu'un
nouvel artifice pour me déguifer ce qu'on vouloit m'empêcher d'approfondir ; & tout m'en
étant fufpect, jufqu'au ton dont elle étoit pro-
noncée, je ne balançai pas un moment fur ma
réponfe. Eft-il vrai, lui dis-je, que, malgré tout
l'art avec lequel vous enveloppez vos expreffions & vos deffeins, vous ayez repris avec
Patrice la réfolution de faire caffer fon mania-
ge ? Voilà le point fur lequel je vous demande une réponfe nette & précife. Tout ce qui en
eft différent eft une intrigue où je ne défire point
d'entrer, & qui ne me touche que par rapport
au but dont je veux être éclairci. Cette queftion le rendit muet pendant quelques moments.
Enfin, paroiffant fortir de fon incertitude, il me

jura, dans les termes les plus forts de la religion & de l'honneur, qu'il ne penſoit qu'à rendre heureux Myladi & Patrice dans un mariage honnête & tranquille, qui rétabliroit le repos de notre famille. Je fus la dupe de cette
réponſe équivoque. Il s'apperçut que l'opinion
que j'avois encore de ſa probité me diſpoſoit
à l'erreur où il vouloit m'engager, & ſe hâtant
d'en tirer un autre fruit: Si vous pouvez, me
dit-il, vous fier à moi de nos vrais intérêts,
laiſſez agir quelque temps mon zele, & modé-
rez un peu les mouvements du vôtre. La retraite où vous avez vécu depuis pluſieurs jours a
déjà ſervi au progrès de mes vues, & vous ne
ſauriez en déſirer de meilleure preuve que
la tranquillité où j'ai entretenu l'eſprit de Myladi. Diſpenſez-vous de la voir juſqu'au départ de mademoiſelle de L.... Je vous promets
de vous révéler alors le plan que j'ai médité
pour le bien de notre famille ; ou ſi vous ne
croyez pas que la bienſéance vous permette d'ê-
tre ici ſans commerce avec elle, promettez-moi
vous-même que vous lui parlerez de l'entrepriſe qui m'occupe, d'une maniere qui puiſſe augmenter ſa confiance & ſervir à ſon repos. Faites
une fois fond ſur ma parole, ajouta-t-il d'un
air tendre, & ne doutez pas que l'honneur &
la vertu ne me ſoient auſſi chers qu'à vous.

La preuve qu'il tiroit du ſuccès réel de ſes
ſoins, jointe à l'idée que j'avois effectivement
de ſes principes naturels, me fit étouffer mille
objections qui me naiſſoient encore. Sans me
livrer à des eſpérances dont il ne me décou-
vroit pas le fondement, j'aimai mieux riſquer
quelque choſe ſur ſa parole, que de m'arrêter à
des ſoupçons que je ne pouvois conſerver ſans
le croire le plus méchant de tous les hommes. Je

me perfuadai même en fa faveur, que la Comteffe fa fœur avoit mal compris le difcours qu'elle m'avoit rapporté, & que je m'en étois alarmé
trop légérement. Enfin craignant peu d'ailleurs
qu'il en pût venir à certaines extrêmités fans ma
participation, je me déterminai à lui laiffer toute
la liberté qu'il me demandoit, & à prendre une
fois, comme il me l'avoit dit, quelque confiance
à fa conduite. En lui déclarant cette réfolution,
je joignis à mon difcours tous les témoignages
d'eftime qui pouvoient l'engager encore à foutenir fes promeffes, trop content de le trouver
difpofé à me rendre fon amitié & à compter la
mienne pour quelque chofe. Il parut fi fatisfait
de ma complaifance, que je commençai férieufement à bien augurer de fes intentions.

J'ignore en effet par quelle adreffe il réuffit à
guérir les nouvelles alarmes de ma belle-fœur;
mais comme s'il eût tiré plus de force que jamais
du confentement que j'avois donné à fes projets
fans les connoître, il la mit dans une fituation
qui me caufa autant d'étonnement que de joie.
N'ayant pu me difpenfer de la voir, je lui trouvai cet air de fatisfaction que donne le bonheur
ou la certitude de l'obtenir. Elle me parla des
fervices de Tenermill avec des tranfports de
reconnoiffance, & quoiqu'elle n'ignorât point
que mademoifelle de L...étoit encore logée dans
la même maifon, elle ne marquoit d'inquiétude
que fur la durée de fa maladie, dont elle attendoit la fin comme le commencement de fa propre félicité. Ce langage étoit fi obfcur pour moi,
que dans la crainte d'apporter quelque trouble
à des vues que je ne pénétrois point, je croyois
ne pouvoir me réduire à des félicitations affez
vagues, qui fembloient fuffire néanmoins pour
la confirmer dans toutes fes idées. S'il lui échap-

poit quelques plaintes de l'abfence de fon mari,
c'étoit avec un fentiment de compaffion qui ne
paroiffoit mêlé d'aucune amertume , & je la
voyois même attendrie de l'idée qu'elle fe for-
moit de fa fituation. Toutes ces circonftances
n'ayant rien d'abfolument oppofé aux promeffes
de Tenermill , j'en attendois l'éclairciffement
avec une extrême impatience. Il étoit avec moi
dans toutes mes vifites ; & l'embarras où j'appréhendois toujours de me trouver expofé, ne
me permettant guere de les faire , ni longues ,
ni fréquentes , je me portois ainfi de moi même
à diminuer beaucoup le fien.

   Quinze jours fe pafferent encore fans aucun
changement qui pût m'apporter plus de lumieres , & j'admirois avec quelle patience chacun
fe contenoit dans les bornes qu'il paroiffoit s'ê-
tre impofées. Du côté de mademoifelle de L....
& Patrice , c'étoit un oubli de tout ce qui étoit
autour d'eux , que j'avois quelquefois peine à
trouver vraifemblable. Tandis qu'ils paroiffoient fi occupés l'un de l'autre que leur curiofité ne s'étendoit prefque pas hors de leur
folitude , je ne pouvois me perfuader qu'ils ne
fuffent pas fouvent troublés par la crainte de
ma belle-fœur. S'il falloit attribuer leur fécu-
rité aux intrigues de Tenermill, c'étoit un autre
fujet d'étonnement qui me caufoit encore plus
d'admiration. Le Comte & fon époufe , à qui
je recommandois fans ceffe de ne pas les quitter un moment, me rendoient le même compte
de leurs difpofitions & de leurs amufements.
C'étoit conftamment la même innocence & la
même tranquillité. Mademoifelle de L... étoit
fans fievre , mais foible encore ; & le Médecin
ne jugeoit pas qu'elle pût quitter fon lit fans
danger. Patrice , après avoir paffé le jour en-

tier auprès d'elle, se retiroit le soir avec autant
de précautions, pour n'être pas apperçu de son
épouse ou de moi, que s'il eût appréhendé quelque chose de notre rencontre. Il s'informoit de
notre santé ; mais comme indifférent pour ce
que nous pensions de lui & de sa conduite ,
il ne lui étoit jamais arrivé de demander si nous
n'étions pas curieux nous-mêmes de savoir
pourquoi il nous évitoit. Notre maison n'étoit
pas assez grande pour le dérober toujours à ma
vue, si j'eusse suivi le mouvement qui me porta
plusieurs fois à le surprendre au passage ; mais ne
voyant de toutes parts que de la tranquillité , &
m'accoutumant de plus en plus à faire en effet
quelque fond sur les promesses de Tenermill ,
j'attendois dans ma solitude que le moment
qu'il m'avoit marqué fût arrivé.

Il fut hâté par un événement auquel j'étois
fort éloigné de m'attendre , & dont le hazard
me fit recevoir les premieres nouvelles. Un
jour que j'étois descendu seul à la porte, je
vis arriver dans un carrosse de remise un homme dont je crus me remettre le visage. Je balançois sur la ressemblance , lorsque m'ayant
reconnu plus facilement à ma figure, il s'approcha de moi en me saluant par mon nom ; & la
langue Irlandoise qu'il employa pour me parler acheva de me le faire reconnoître pour Fincer. La joie que j'aurois ressentie de le voir
dans tout autre lieu, se changea en crainte & en
douleur , lorsqu'un moment de réflexion sur
les circonstances de nos affaires domestiques
m'eut fait penser que je ne pouvois l'introduire
chez nous sans imprudence. Quel prétexte néanmoins pour l'éloigner, & d'un autre côté , quelle espérance de lui cacher long-temps le désordre de ma famille , sur-tout avec les raisons que

j'avois de foupçonner que c'étoit peut-être la
feule caufe de fon voyage. Il me vint à l'efprit
que Dilnick l'avoit informé fans doute de la réfolution que fa fille avoit prife de fuivre fon
mari en France, & que, ne pouvant efpérer
une plus heureufe occafion pour la recevoir fans
danger, il avoit quitté le Danemarck dans cette
vue. Je me flattai ainfi en lui donnant le motif
le plus favorable ; car il eût été trop terrible de
le fuppofer inftruit de tout ce que j'appréhendois de ne pouvoir lui déguifer affez long-temps.

Ses premiers complimens m'auroient raffuré
par l'air d'ouverture & d'amitié qui les accom-
pagnoit, fi l'autre embarras ne m'étoit refté tout
entier. Cependant tandis qu'il fongeoit à me
demander des nouvelles de fa fille, & que la
maniere dont je lui répondois me laiffoit affez
de liberté pour méditer fur le foin dont j'étois
rempli, je pris le feul parti que j'euffe à choifir
dans une extrêmité fi preffante. Je ne fais, lui
dis-je, qui peut vous avoir adreffé dans une
maifon où je n'ai pas la liberté de vous recevoir. Vous verrez votre fille à Paris ; la diftance eft fi courte, que, loin de nous arrêter ici,
je fuis d'avis que nous prenions le chemin de
la ville au même moment ; & lui préfentant la
main pour remonter dans fon carroffe, j'y entrai après lui, en donnant ordre au cocher de
nous conduire à la maifon du Comte.

Je ne me délivrois ainfi d'un embarras que
pour en faire renaître une infinité d'autres ; mais
je crus avoir évité le plus dangereux. La crainte
qu'il y avoit de donner le moindre foupçon à
Fincer de ce que nous laiffions derriere nous,
me fit preffer plufieurs fois le cocher d'avancer ; & cherchant à nous diftraire l'un & l'autre de toutes les idées que je redoutois, je pris

occafion du Comte, dont j'avois nommé la maifon, pour parler du mariage récent de ma fœur. Le mérite & les richeſſes de fon mari, l'honneur & l'avantage que ma famille alloit tirer de cette alliance ; les difficultés & les longueurs que nous avions eues à furmonter ; enfin tout ce qui pouvoit éloigner le dénouement que je craignois, fut rappellé avec une affectation de chaleur qui empêcha la converſation de languir. Fincer ſe prêta ſi naturellement à mes vues, que cette facilité me furprit. Il paroiſſoit compter ſur l'eſpérance de voir ſa fille à Paris ; & s'il me fit quelques légeres queſtions, elles ne furent point propres à me cauſer de l'embarras.

Cependant mon inquiétude croiſſoit à meſure que nous approchions de la maiſon du Comte ; & rien ne s'offrant à mon eſprit pour la ſoulager, j'arrivai à ſa porte auſſi incertain qu'en partant des Saiſons. La vue du portier, qui ſe préſenta pour nous recevoir, augmenta mon trouble. Je n'étois pas ſûr d'en être connu ; heureuſement qu'il ſe remit mon viſage, quoiqu'il ne m'eût jamais vu plus d'une fois, & que l'empreſſement qu'il marqua pour recevoir mes ordres me le fit croire diſpoſé à les exécuter. Il ne me vint néanmoins rien de plus à propos que de lui demander ſi ſon maître étoit au logis ; & m'ayant répondu qu'il étoit à la campagne, je ne lui laiſſai point le temps de me marquer s'il étoit furpris de ma queſtion. Deſcendons, dis-je à Fincer ; ils feront ici ce foir, & nous ne pouvons faire mieux que de les attendre. Le portier comprit que ſon maître devoit revenir le même jour à la ville avec toute ma famille. Nous ne fûmes pas plutôt deſcendus, que le mouvement que j'entendis dans

toute la maison me fit juger qu'on préparoit
les appartements dans cette supposition.

Le hazard m'avoit servi jusqu'alors assez heureusement; mais chaque moment de l'avenir où
j'allois entrer, n'en étoit pas moins obscur, &
je ne voyois rien qui pût régler mes résolutions.
A peine osois-je faire la moindre question à
Fincer, dans la crainte de tomber malgré moi
sur les circonstances ou sur les motifs de son
voyage. Je continuois de l'amuser par tous les
détours que mon esprit étoit capable de me
fournir. Je lui faisois admirer tout ce qui se
présentoit à nos yeux dans les appartements du
Comte; & mortellement agité au fond de l'ame,
je me donnois en même-temps la torture pour
trouver quelque parti auquel je pusse raisonna-
blement m'attacher. Je fus prêt plusieurs fois
de lui demander la liberté de me retirer un moment; ma pensée étoit d'écrire à mes freres, &
de leur communiquer du moins un embarras
qu'ils devoient partager avec moi. Je leur aurois proposé de se rendre tous deux à Paris, &
de prévenir par leurs caresses & leurs soumis-
sions, l'esprit d'un homme à qui ils devoient ce
ménagement. J'aurois ajouté qu'il étoit de
notre honneur, autant que de notre intérêt, de
disposer ma belle-sœur à ne pas faire éclater
aux yeux de son pere les justes sujets qu'elle
avoit de se plaindre; & qu'il falloit ensevelir
avec d'autant plus de soin nos divisions, que
Tenermill me faisoit espérer qu'elles ne tar-
deroient pas long-temps à finir. Enfin je leur
aurois marqué tout ce que le Ciel & l'amour
de la paix m'auroient inspiré, & ne les croyant
pas moins sensibles que moi à l'honneur de
notre famille, je leur aurois laissé la liberté
d'ajouter à mes vues ce que leur prudence
& celle du Comte leur auroit fait imaginer

de plus convenable aux circonstances. Mais
une autre idée fixa tout-d'un-coup mes irrésolutions. Fincer m'ayant parlé du lieu où il s'é-
toit logé à Paris, je lui fis un reproche d'avoir
pensé à choisir une autre demeure que la maison de Tenermill, ou celle du Comte, & lui-
faisant voir que celle où nous étions ne manquoit point d'espace pour le loger commodé-
ment, je le pressai à l'instant de permettre que
j'y fisse apporter son équipage. Il se rendit à mes
instances après s'en être long-temps défendu ;
&, ce qui me fit naître le projet le plus heureux
auquel je pusse m'arrêter, il ne voulut point
se reposer sur un autre que lui-même du soin
de ce transport. Je n'examinai point si la po-
litesse m'obligeoit de l'accompagner. Je donnai ordre de le suivre à quelques domestiques
du Comte, & je résolus de profiter de son absence pour me rendre moi-même aux Saisons.

Une chaise légere & deux des meilleurs chevaux du Comte qui furent prêts en un moment,
me firent espérer de ne pas mettre plus de temps
à ce voyage que Fincer n'en avoit besoin pour
ses affaires. En chemin, je m'occupai à méditer si je devois regarder son arrivée comme un
mal aussi redoutable que je me l'étois figuré
dans mes premieres craintes. Mais ignorant ses
motifs, il me fut impossible d'en porter un jugement qui pût me satisfaire. Son silence même m'avoit laissé un autre sujet d'inquiétude ;
car malgré tous les efforts que j'avois faits pour
éloigner ses explications, il me sembloit que
son ardeur à m'en demander lui-même auroit
dû l'emporter sur mes précautions. Convenoit-
il à un pere qui avoit marqué tant d'alarmes
sur le sort de sa fille, d'être si tranquille au
moment qu'il alloit la revoir ; & sa curiosité

auroit-elle été si retenue., s'il n'avoit eu de
fortes raisons de la modérer ? J'arrivai aux
Saisons plein de ces idées, & je fis d'abord
avertir Tenermill que j'avois besoin sur le
champ de l'entretenir.

Il étoit dans l'appartement de ma belle-sœur,
d'où j'ai déjà fait remarquer qu'il ne s'éloignoit
presque point. Apprenant que j'arrivois comme en poste, sans qu'il eût entendu parler de
mon départ, l'incertitude de ce que j'avois à lui
communiquer, lui fit prendre en m'abordant
un air aussi inquiet qu'il dut trouver le mien.
Je n'ai pas un moment à perdre, lui dis-je,
sans lui proposer de s'asseoir ; savez-vous que
Fincer est à Paris, qu'il étoit il y a deux heures aux Saisons, que j'ai eu besoin du secours
du Ciel pour l'éloigner d'ici, & que l'ayant
conduit enfin chez le Comte, j'ignore également ce qui l'amene en France, & quelle conduite je dois tenir avec lui ? Je me suis dérobé
heureusement, ajoutai-je, pour venir vous consulter sur un incident qui m'a réduit au dernier
embarras. Vous concevez mes craintes ; voyez
dans vos projets, & dans cette conduite mys-
térieuse que vous affectez depuis trop long-
temps, s'il se trouve quelque chose qui puisse
remédier à tous les maux que j'appréhende. Fincer vous attend ; il attend sa fille, Patrice, moi :
en un mot ; il faut qu'il soit ici ce soir, ou que
nous soyons à Paris.

J'avois remarqué en parlant, que le visage
de Tenermill se troubloit, & que chaque mot
de mon récit augmentoit son inquiétude. Il
demeura quelque temps sans me répondre. Enfin m'offrant une chaise, il s'assit près de moi,
& me conjura de l'écouter sans l'interrompre.

Il n'eſt plus temps, me dit-il, de vous diſſi-
muler ce que vous apprendriez bientôt malgré
moi; mais je veux me faire un mérite de ma
confiance en vous découvrant mes ſentiments,
qu'il me ſeroit plus aiſé de vous déguiſer que
ma conduite. Après cet exorde, il atteſta le
Ciel qu'en prenant parti contre le mariage de
Patrice, il n'avoit jamais eu d'autres vues que
le bonheur de ſon frere & le repos de notre
famille.

A peine connoiſſoit-il la fille de Fincer ;
pourquoi l'auroit-il haïe ? Ce que je lui avois
appris de ſa généroſité & de ſa tendreſſe l'avoit
prévenu au contraire en faveur de ſon caractere.
Mais il avoit cru que l'intérêt de ſon frere devoit l'emporter dans ſon eſprit ſur celui d'une
étrangere. Il n'entroit point tant dans ce détail,
ajouta-t-il, pour juſtifier les duretés dont il s'é-
toit rendu coupable à l'égard de Myladi, que
pour me faire comprendre plus aiſément la révolution incroyable qui s'étoit faite dans ſes diſpoſitions. Il en avoit été ſurpris & confondu lui-
même; mais on ne réſiſte point à ſa deſtinée, &
ſon exemple étoit une preuve que les hommes
ne connoiſſent rien au caractere de leur propre
cœur. Il me confeſſoit donc qu'en voyant de
près Myladi, en écoutant ſes tendres plaintes
& en voyant couler ſes larmes, il avoit été pénétré de mille ſentiments qu'il n'avoit jamais
éprouvés, & dont il ne s'étoit pas cru capable.
Il n'avoit pu ſe défendre d'admirer cette vertu
douce & modeſte, que les rigueurs de ſon mari
pouvoient bien réduire au dernier abattement,
mais à qui elles n'étoient point capables de faire
perdre cet air de modération qui rend la douleur ſi touchante, & qui ajoute tant de charmes
à la beauté malheureuſe. La compaſſion avoit

IV. Partie.                                    C

ainſi préparé ſon cœur à l'amour , & lorſqu'il
avoit commencé à ſe rendre compte de ſes
propres ſentiments , il s'étoit trouvé la proie
d'une paſſion ſi vive , qu'il n'avoit rien eſpéré de
ſes efforts pour s'en délivrer. Elle n'avoit fait
depuis qu'augmenter ſans ceſſe : il en faiſoit les
délices de ſa vie ; & loin de penſer déſormais
à s'en défendre , il vouloit rapporter toutes ſes
penſées & tous ſes ſoins à la rendre heureuſe.
Je l'arrêtai ici bruſquement, malgré la promeſſe
que je lui avois faite de l'écouter ſans l'interrompre. La premiere partie de ſon diſcours
m'avoit cauſé de la joie , & je l'aurois interrompu volontiers pour louer l'intérêt qu'il
avoit pris aux larmes de ma belle-ſœur. Surpris
enſuite de la naiſſance de ſa paſſion , j'avois été
prêt encore à l'interrompre , pour lui faire un
reproche de n'avoir pas mieux veillé ſur des
mouvements de cœur que j'aurois traités de
coupables & d'illégitimes. Mais entendant qu'il
s'en applaudiſſoit , & qu'au lieu de les combattre il ne parloit que de les nourrir avec complaiſance pour chercher tôt ou tard à les ſatisfaire , le reſſentiment de me voir ſi peu ménagé par cette indigne confidence , autant que l'intérêt de la vertu , me fit prendre un ton que
j'aurois affecté de rendre encore plus dur , ſi
j'en avois connu de plus propre à lui exprimer
mon indignation. Quoi ! lui dis-je , après vous
être abandonné à une paſſion honteuſe pour la
femme de votre frere , vous ne rougiſſez pas de
m'en faire l'aveu ! Vous me croyez donc capable de la ſouffrir ou de l'approuver ? Oui , je
reconnois vos déteſtables maximes. Après
avoir oſé conſeiller à votre frere de violer les
ſerments de ſon mariage par un commerce infame , je ne m'étonne point de vous voir fa-

milier tout-d'un-coup avec l'incefte & l'adul-
tere. Affreufe corruption de principes & de fentiments, m'écriai-je fans lui laiffer le temps de
fe reconnoître ! Par quels degrés êtes - vous
donc parvenu à l'excès de la débauche ? On
veut excufer l'amour, ajoutai je, & l'on ofe
lui donner des noms qui le transforment prefqu'en vertu. Mais quelle horrible & funefte
paffion qui fait perdre toute fon horreur au
crime, & qui porte la hardieffe jufqu'à s'en
faire honneur ! Dans le zele amer qui m'animoit, j'aurois continué de l'accabler de reproches, & je n'aurois pas manqué d'y joindre les
plus vives menaces, s'il ne fe fût jetté prefqu'à
mes pieds pour renouveller les inftances qu'il
m'avoit faites de l'écouter. Je l'interrompis encore néanmoins : non, lui dis-je en détournant la
tête, vous ne me forcerez point d'entendre plus
long-temps vos indignes propofitions. Je trem-
ble d'en trop apprendre. N'efpérez pas de me
trouver la moindre indulgence pour le crime ;
fi c'eft-là ce projet fur la foi duquel j'ai eu la
crédulité de m'endormir, je le détefte, & je
ne vois plus en vous que l'ennemi de l'honneur
& de la vertu. Cependant comme fes efforts ne
diminuoient pas pour obtenir d'être écouté, &
que l'embarras où il étoit, joint à la pofture
humiliée où je voyois devant moi un caractere
fi fier, eurent quelque pouvoir pour me fléchir,
je confentis à l'entendre, à la feule condition
qu'il ne mêleroit rien dans fon difcours qui
reffemblât à ce qui m'avoit caufé tant d'indignation.

Tandis qu'il reprenoit fa place, je remarquai
à la confternation qui étoit répandue fur fon vifage, combien fon orgueil étoit mortifié du
rôle qu'il avoit à foutenir. Il reprit la parole,

pour se plaindre de la vivacité qui m'avoit fait
troubler ses explications. Vous ignorez l'amour,
me dit-il avec douceur, si vous ne pardonnez
pas à un amant d'insister un peu sur la force
de sa passion ; mais ce que je vous ai dit de
la mienne importe peu dans le fond à mon projet, & qu'elle soit telle que je viens de vous
la décrire, ou que vous la souhaiteriez, vous
allez convenir qu'avec les restrictions que j'y
mets elle ne peut blesser ni mon devoir, ni
votre délicatesse. J'adore Myladi ; (souffrez encore une fois ce terme, dont le sens va se dé-
voiler pour vous, ) & c'est en effet sur les sentiments qu'elle m'a inspirés que roulent toutes
les vues que j'ai formées pour son bonheur &
pour le mien. Mais avec autant de pénétration
que je vous en connois, pourquoi n'avez-vous
pas démêlé tout-d'un-coup par quelle voie je
pense à me rendre heureux ? Il faut donc vous
apprendre sans détour, qu'en réfléchissant sur le
caprice qui emporte mon frere vers mademoiselle de L..., & sur le peu d'apparence qu'il en re-
vienne jamais, j'ai pensé qu'il y avoit un moyen
de concilier l'honneur de Myladi avec la satisfaction de Patrice & les intérêts de notre famille ; c'est de suivre le plan de séparation auquel le Roi a donné son consentement, mais
sans faire perdre à Myladi le nom qu'elle portoit, ni à vous la qualité de son beau-frere. En
un mot, si je le trouvois encore obscur. il m'apprenoit ouvertement que son dessein étoit d'é-
pouser la femme de Patrice, & de rendre ainsi
à son frere la liberté d'épouser sa maîtresse.

Rien ne s'étant moins présenté à mon esprit
que ce dénouement, la seule nouveauté d'une
si étrange image m'auroit tenu en garde contre
les premieres impressions ; & dans la crainte de

m'engager mal-à-propos, je ferois peut-être demeuré fans réponfe. Mais Tenermill qui n'a-voit pas nourri fi long-temps fon projet fans prendre toutes les informations qui pouvoient le rendre plaufible à fes propres yeux, fe hâta de prévenir mes objections par une infinité d'exemples qui fembloient lever en effet toutes les difficultés. L'approbation de l'Eglife & les décifions de la Juftice civile s'étoient accordées mille fois pour autorifer des événements de cette nature. Je ne pouvois douter de la vérité des faits ; & la confiance avec laquelle j'entendois parler Tenermill, me faifoit juger qu'il ne s'en rapportoit point à fes feules lumieres. Je crus même entrevoir qu'il avoit fait goûter fes fen-timents & fes vues à Myladi ; & cette conjec-ture fervoit tout-d'un-coup à expliquer la tran-quillité où elle avoit vécu depuis quelques fe-maines, autant que la facilité avec laquelle je lui avois vu recevoir fes foins. Toutes ces idées s'arrangeant d'elles-mêmes, elles me conduifi-rent aifément à fouhaiter, pour le repos com-mun de la famille de Fincer & de la mienne, qu'un projet où je ne voyois rien qui me parût bleffer aucune loi, & qui entraînoit le bonheur de tant de perfonnes qui m'étoient cheres, pût s'exécuter à la fatisfaction de tout le monde. S'il me refta de l'embarras, ce fut du côté de Fincer ; car le trouble que fon nom & la pre-miere nouvelle de fon arrivée m'avoient paru caufer à Tenermill, étoit une marque qu'il en appréhendoit lui-même quelque obftacle. Je me bornai à cette objection, & je vis qu'elle le ren-doit rêveur. Sa réponfe m'apporta d'autres ex-plications qui firent évanouir auffi-tôt les efpé-rances que j'avois conçues trop légérement.

Il me confeffa qu'il avoit écrit à Fincer, &

qu'il avoit attendu impatiemment sa réponse ;
mais que cette diligence à se rendre à Paris sans
l'avoir prévenu sur son voyage ne lui causoit
pas peu d'alarmes. Avec le desir & l'espoir de
le mettre dans ses intérêts, il avoit été porté à
lui écrire par des raisons beaucoup plus fortes.
Dans l'abattement mortel où il avoit vu Myladi, il avoit cru, me dit-il, que, pour arrêter
le cours de ses larmes autant que pour la disposer insensiblement au projet qu'il avoit formé sans sa participation, il étoit nécessaire, non-
seulement de l'entretenir dans l'erreur où les
courtes apparences du retour de Patrice l'avoient
jettée pendant quelques moments, mais de fortifier même une illusion dont il avoit remarqué
l'heureux effet, en la revêtant de toute la vrai-
semblance qu'elle pouvoit recevoir. C'étoit là-
dessus que, de concert avec son frere, à qui il
avoit fait approuver tous ses desseins, il avoit
feint d'abord que des raisons importantes qui
étoient la suite du combat d'Irlande, avoient
forcé Patrice de partir subitement, pour se tenir caché à Paris, dans une retraite plus sure
que notre maison. Sans cette premiere précaution, me dit-il, il eût été impossible de faire
comprendre à Myladi que son mari, qui étoit si
près d'elle, & qui refusoit de la voir, fût tel effectivement qu'elle commençoit à s'en flatter ;
& ses agitations, qui étoient capables de ruiner
absolument sa santé, n'eussent pas manqué de
se renouveller avec plus de force que jamais.
L'ayant rendue assez tranquille par cette feinte,
& les mesures qu'il avoit prises lui répondant
qu'elle ne pouvoit être aisément détrompée, il
avoit achevé de lui calmer l'esprit, en lui jurant qu'il s'occupoit d'une entreprise qui fini-
roit bientôt toutes ses peines, & qui ne lui lais-

feroit plus rien à craindre de l'infidélité de Patrice. Il ne la trompoit pas, continua-t-il, puifqu'il écrivoit dans le même-temps à Fincer pour
lui propofer de rompre un malheureux mariage, & d'approuver qu'il fuccédât aux droits &
aux engagements de fon frere. L'aventure du
jardin étant furvenue dans ces circonftances, il
avoit eu befoin d'une infinité de nouveaux efforts pour réparer un fi fâcheux contre-temps;
& le Ciel fans doute avoit fecondé fes foins,
puifqu'il ne concevoit pas lui-même par quel
bonheur il avoit pu réuffir. Mais l'afcendant
qu'il avoit pris fur elle par les témoignages con-
tinuels de fon attachement, & la confiance qu'il
lui avoit infpirée par fes promeffes, l'avoient
emporté fur les plus juftes foupçons. Il s'étoit
aidé d'ailleurs d'un nouvel artifice, en lui apprenant qu'il avoit écrit à fon pere, qu'il en attendoit une prompte réponfe; que par les mefures qu'il avoit prifes elle feroit décifive pour
la tranquillité du refte de fa vie; & fans avoir
jamais eu la hardieffe de lui découvrir le fond
de fon projet, il l'avoit accoutumée à le regarder comme le feul homme fur lequel elle pût
compter, & de qui elle dût attendre les fecours
qui convenoient à fon infortune.

Ce récit devenant trop long pour mon impatience, je l'interrompis avec la chaleur de
mille fentiments qui s'étoient élevés dans mon
cœur à chaque circonftance. Il me fuffifoit d'a-
voir appris que ma belle-fœur ignoroit tous ces
glorieux projets, où l'on difpofoit d'elle avec
tant de confiance, pour les regarder comme
autant de folles imaginations qui s'évanouiroient
à la premiere explication qu'elle en recevroit.
Je ne pouvois faire un crime à Tenermill de
fes intentions, & je me réjouiffois au contraire

de lui trouver pour elle un penchant ſi déclaré, que je ne devois plus craindre qu'il cherchât à la chagriner. Eh ! ſur quoi vous flattez-vous, lui dis-je, que Myladi approuve votre entrepriſe & vos ſentiments ? Je vous vois diſpoſer de ſon cœur, de ſa fortune, de ſa main ; mais l'avez-vous conſultée, ou du moins, entre vos inventions & vos ruſes, en avez-vous d'aſſez puiſ-ſantes pour vous promettre de faire changer ſes inclinations ? Il baiſſa les yeux à cette queſtion. Vous parlez, me répondit-il, de ce qui cauſe toute mon inquiétude & tous mes tourments. C'eſt l'unique point qui me laiſſe de l'embarras. Et n'eſt-ce pas auſſi le point eſſentiel, repris-je, le point ſans lequel toute votre entrepriſe ne doit paſſer à vos propres yeux que pour une chimere ? Je ne vous cacherai pas ma réſolution, continuai-je en prenant un ton plus ferme en-core ; & le cas eſt trop clair pour me cauſer le moindre doute. Si vous étiez parvenu par votre adreſſe ou par vos ſoins à faire goûter votre projet à Myladi, je confeſſerois avec amertume que, dans le déſordre de notre fa-mille, il y a peu de remedes dont nous euſſions plus d'avantages à eſpérer. Mais ſans cette con-dition qui eſt auſſi néceſſaire pour nous juſti-fier devant Dieu que devant les hommes, je ne puis approuver des vues dont je trouve la con-damnation dans toutes mes lumieres, & je pro-mets au Ciel de m'oppoſer de toute ma force à des tempéraments odieux que je ne diſtingue point de la violence.

Je me levai en lui tournant le dos pour faire quelques tours dans la chambre où nous étions ; & l'air que j'affectai lui fit connoître autant que mes expreſſions, qu'il tenteroit inutilement de m'inſpirer d'autres idées. Il demeura comme incertain pendant quelques moments. Son silence & son embarras me compofoient un fpectacle qui eut pour moi de la nouveauté. En le voyant fi foumis & fi humilié, j'admirois la force des paffions, & qu'elles euffent plus d'empire l'une fur l'autre que toutes les lumieres de la raifon. Il reprit néanmoins la parole avec douceur, pour me repréfenter qu'indépendamment de fon goût, ma belle-fœur ne manqueroit pas d'ouvrir les yeux tôt ou tard fur fes propres intérêts ; que les offres qu'il avoit à lui faire étant ce qu'elle pouvoit efpérer de plus heureux, dans fa fituation, il étoit impoffible qu'elle les rejettât lorfqu'on lui en feroit fentir la néceffité ; que fi le confentement de fon pere fe joignoit au mien, tel feulement que je voulois bien l'accorder, elle fe trouveroit comme entraînée par la force de l'autorité ; & qu'apprenant d'ailleurs que fon mari l'avoit trompée par de fauffes apparences de réconciliation, le dépit acheveroit ce que le devoir & la raifon auroient commencé. Je n'ai qu'une crainte, ajouta-t-il, & c'eft l'arrivée de Fincer qui me la donne. Il ne m'a pas répondu. Le parti qu'il a pris de venir en France, fans nous avoir prévenus par fes lettres, me fait douter s'il ne s'eft pas offenfé de mes propofitions. Le filence qu'il a gardé avec vous augmente ma défiance. Enfin, j'ignore quelle conduite je dois tenir avec lui, & j'appréhende même de le voir, fi vous ne le difpofez aux explications qu'il me fera impoffible d'éviter dans notre premiere entrevue.

Loin de refufer cette commiffion, je m'applaudis de lui trouver pour la premiere fois tant de docilité, & de confiance dans mes foins. Votre efpérance ne fera point trompée, lui dis-je,

& quand vous prendrez le parti de l'honneur
& de la raison , vous n'aurez jamais à vous
plaindre de mon zele. Le myſtere que vous
m'avez fait de vos deſſeins retarde un ſervice que je vous aurois déjà rendu ; mais ſurpris moi-même de l'arrivée de Fincer , je n'ai
penſé qu'à l'éloigner d'ici , & j'ai eu beſoin de
tous mes efforts pour lui déguiſer mon embarras. Tenermill m'avoua qu'en lui écrivant il
l'avoit non-ſeulement prié de me cacher ſon
projet , mais de ſe précautionner contre ma curioſité , par la crainte où il étoit de me trouver
contraire à ſes vues.

Quelque ardeur que j'euſſe de retourner à
Paris avec ces éclairciſſements , je ne me crus
pas moins obligé de prévenir Patrice ſur un incident qui devoit le porter , juſqu'au temps du
moins de la ſéparation dont il ſe flattoit encore
plus que ſon frere , à garder des ménagements
auxquels il étoit devenu comme inſenſible. Tenermill charmé de la modération avec laquelle
j'avois reçu ſes dernieres ouvertures , me pro-
mit de le faire ſouvenir de ce qu'il devoit à la
bienſéance ; & ne doutant pas lui-même que de
quelque maniere que Fincer eût pris les choſes ,
il ne déſirât d'embraſſer promptement ſa fille ,
il fut le premier à reconnoître que dans des circonſtances ſi délicates , nous ne devions pas l'expoſer à trouver mademoiſelle de L.... ſous le
même toît que ma belle-ſœur. La maniere dont
elle y étoit venue n'avoit rien qui pût nous
être reproché , & ſa maladie nous avoit mis dans
la néceſſité de l'y ſouffrir ; mais quoiqu'on
m'eût aſſuré qu'elle n'étoit point encore rétablie, le mouvement d'un voyage auſſi court
que celui de Paris ne pouvoit être auſſi dangereux que ſon départ étoit néceſſaire. Tener-

mill s'engagea à lui faire goûter cette réflexion, & me garantit qu'elle ne seroit pas moins approuvée de son frere.

Je partis avec cette espérance. Le Comte de S.., à qui l'impatience de Tenermill me permit à peine de parler un moment, voulut m'accompagner jusqu'à Paris, pour faire lui-même à Fincer les honneurs de sa maison. Notre diligence fut extrême, dans la crainte où j'étois toujours que Fincer ne formât quelque soupçon de ma bonne foi. Nous le trouvâmes chez le Comte, où il avoit fait transporter son équipage. Il se promenoit d'un air agité. Après avoir marqué de la reconnoissance pour les premieres politesses du Comte, il lui demanda la liberté de s'écarter un instant avec moi. Comme je ne m'attendois point d'être prévenu, cet empressement me parut renfermer quelque mystere, dont j'attendis l'explication avec autant d'impatience qu'on en avoit de me la donner.

Fincer, dans l'intervalle d'une heure d'absence, avoit appris que toute ma famille étoit aux Saisons lorsqu'il s'y étoit présenté, & me soupçonnoit par conséquent de quelque artifice dans le soin que j'avois pris de l'en écarter. Cette pensée jointe aux préventions que Tenermill lui avoit inspirées contre moi par ses lettres, & peut-être aux anciennes défiances qu'il avoit communiquées à Dilnick en Irlande, l'avoit disposé non-seulement à me regarder en général comme un homme dangereux, mais à me croire particuliérement intéressé à la ruine de sa fille. Il savoit néanmoins que c'étoit sous ma conduite qu'elle étoit venue d'Irlande en France; mais ne mettant point de bornes à ses soupçons, il s'étoit imaginé que je ne l'avois portée à quitter sa patrie, que pour réussir plus

facilement à la perdre, lorsqu'elle se trouveroit sans défense & sans conseil dans un Royaume étranger ; & de quelque source qu'il fît venir les desseins de vengeance qu'il m'attribuoit,
il me supposoit dans ma haine toute l'ardeur &
la malignité dont on accuse communément les
gens d'Eglise. Avec cette affreuse idée de mon
caractere, il n'en étoit pas moins résolu de me
ménager ; mais c'étoit une violence qu'il se faisoit pour l'intérêt de sa fille ; & dans l'entretien qu'il me demandoit il n'avoit dessein que
de sonder mes dispositions en me mettant dans
la nécessité de lui expliquer ce que je pensois de
l'état de ma famille. Moi, qui croyois avoir
des raisons aussi fortes pour souhaiter de l'entendre, je pensai bien moins à le prévenir par des
ouvertures qui auroient pu changer quelque
chose à ses idées, qu'à lui laisser tout le temps
de m'apprendre ce qu'il avoit au fond du cœur.

Le ton qu'il prit en commençant n'eut rien
d'emporté ni d'amer ; mais son inquiétude &
son chagrin étoient marqués visiblement dans
ses yeux. Vous ne sauriez ignorer, me dit-il,
les motifs qui m'amenent en France. Le malheur de ma fille est venu jusqu'à moi. Je sais
qu'elle n'a trouvé qu'une source perpétuelle
de tristesse & d'amertume dans un mariage dont
elle avoit attendu tout le bonheur de sa vie, &
la juste tendresse que j'ai pour elle ne me per-
met point d'être indifférent pour sa situation.
Ainsi, sans toucher au projet de Tenermill, il
entra dans le détail de tous les sujets de plainte
que ma belle-sœur avoit reçus de Patrice. Dilnick l'avoit informé de tout ce qui s'étoit passé
en Irlande ; & Tenermill, pour donner apparemment plus de force à ses propositions, lui
avoit peint les dégoûts de son frere avec des

traits que je n'eus pas de peine à reconnoître.

Jugez, reprit-il en me regardant d'un œil fixe, quelles doivent être mes alarmes. Un pere ne se borne pas à trembler pour sa fille. Il faut qu'il la voie satisfaite ou qu'il la venge. Mais vous, continua-t-il, que votre âge & votre caractere semblent obliger au soin de l'ordre & de la paix dans votre famille, comment n'a-vez-vous pas arrêté des maux qui ont pris naissance sous vos yeux ? Pourquoi souffrez-vous qu'ils se perpétuent ? Que vous a fait ma fille ? Je la verrai sans doute. J'apprendrai d'elle-même quels sont ses crimes. Mais si c'est injuste-ment que vous l'avez rendue malheureuse, ne craignez-vous pas le ressentiment d'un pere of-fensé dans ce qu'il a de plus cher ? Il auroit con-tinué sur le même ton, si des reproches si in-jurieux ne m'eussent fait oublier la résolution que j'avois prise de ne pas l'interrompre. Eloi-gné comme j'étois d'en pénétrer les raisons, je l'arrêtai avec des mouvements de douleur qui suffisoient pour lui faire prendre une plus juste opinion de moi ; mais il n'avoit point l'esprit assez libre pour distinguer les marques de la droiture & de l'innocence. Il fit peu d'atten-tion à mon trouble ; & se levant de sa chaise, tandis que je m'efforçois de me justifier, il se promena dans la chambre à grands pas, comme s'il eût refusé d'écouter mes excuses. Je conti-nuai néanmoins de lui représenter tout ce qui pouvoit le ramener en ma faveur. Je retraçai en peu de mots l'histoire du mariage de sa fille, & tout ce que j'y avois mis du mien pour le rendre heureux. Je fis valoir mes conseils, mes fatigues, & la perte continuelle de mon repos. J'en appellai aux témoignages de sa fille même, qui rendroit justice à mes intentions, & dont j'ofois croire que l'eftime & l'amitié étoient dûs à mes fervices. Il m'écoutoit, malgré l'affectation avec laquelle il fembloit détourner le vifage & fermer l'oreille à ma juftification. S'étant rapproché de moi, il m'interrompit à fon tour, & les queftions qu'il me fit me donnerent occafion de lui parler de Ténermill. La chaleur avec laquelle j'étois attaché à ma propre défenfe ne m'empêcha point de faire réflexion que je n'avois encore tiré aucune lumiere fur le principal intérêt que je devois démêler. Vous me connoîtrez tôt ou tard, lui dis-je pour le forcer enfin de s'ouvrir, & vous apprendrez de Tenermill même, à qui vous connoiffez tant d'amour & de zele pour votre fille, fi j'ai quelque reproche à craindre d'elle, ou de ceux qui s'intéreffent à fon bonheur.

Cet incident m'ayant paru réveiller fa curiofité, je profitai de fon filence pour ajouter que Tenermill, qui favoit déjà fon arrivée, défiroit impatiemment de le voir, & qu'il m'avoit communiqué les vues qu'il avoit formées fur le rétabliffement de la paix de nos deux familles. Mais ce que j'avois cru propre à lui infpirer pour moi plus de confiance, lui parut une nouvelle preuve de ma diffimulation. Il ne put fe rappeller que Tenermill même l'avoit exhorté à fe tenir en garde contre moi, fans s'imaginer que, fur quelques indices de fon deffein, j'entreprenois adroitement de pénétrer fon fecret. Il ne me répondit point, & jettant fur moi un regard d'indignation, qui me fit comprendre que j'étois fort éloigné d'avoir touché fon cœur : fi Mylord Tenermill favoit où je fuis, me dit-il, il n'auroit pas tardé à s'y rendre, & j'y verrois fans doute ma fille avec lui. On a fes raifons apparemment pour m'empêcher de les

voir ; mais je saurai vaincre les obstacles. Il
me quitta là-dessus fort brusquement pour retourner vers le Comte, qui étoit demeuré dans
la chambre voisine. Je le suivis avec le dessein
de l'arrêter ; & n'ayant pu le joindre, je fis inutilement mille efforts pour lui persuader qu'il
avoit quelque intérêt à m'accorder encore un
moment d'entretien. Il s'adressa au Comte,
qui paroissoit surpris de notre agitation ; &, sans
marquer la moindre attention pour ma priere,
il lui demanda d'un ton forcé, s'il pouvoit espérer de voir bientôt sa fille. Le Comte fut
embarrassé de cette question. Sans être bien ins-
truit des circonstances, il savoit assez ce qui
se passoit aux Saisons pour s'imaginer aisément que la présence de Fincer n'y pouvoit
porter que du trouble. Sa réponse fut que Myladi commençant à se rétablir, elle ne tarderoit point à se rendre à Paris pour embrasser
son pere.

Je saisis encore ce moment pour renouveller
mes instances. Venez, dis-je affectueusement à
Fincer ; j'ai mille choses à vous apprendre qui
dissiperont vos inquiétudes. Prenez confiance
aux promesses d'un honnête homme. Et voyant
que rien ne l'ébranloit : souffrez, repris-je,
que je vous parle ouvertement devant monsieur
le Comte ; il est dévoué aux intérêts de notre
famille ; nos secrets ne peuvent être mieux
qu'entre ses mains. Il parut craindre que je ne
m'expliquasse en effet dans la présence du Comte ; & me suppliant de renfermer dans moi-même tous les mouvements de mon zele, il se jetta sur des matieres indifférentes qui firent prendre malgré moi un autre cours à la conversa-
tion.

Pendant plus d'une heure qu'il fit durer un

ſi frivole entretien , j'admirois qu'il fût capable
de tant de contrainte, & je me demandois à moi-
même où elle pouvoit aboutir. Cependant je
conſervois l'eſpérance qu'elle ſe ſoutiendroit
juſqu'à la nuit, & ma réſolution étoit de retourner aux Saiſons pour rendre compte à Tenermill du triſte ſuccès de mes ſoins. J'étois déterminé à m'ouvrir auſſi à ma belle-ſœur , &
je me flattois de l'intéreſſer elle-même au dénouement d'une aventure dont je commençois
à craindre de malheureuſes ſuites. Au milieu
du trouble que me cauſoient toutes ces idées ,
un laquais vint nous annoncer l'arrivée de Myladi & de Mylord Tenermill. J'entendis en
effet le bruit du carroſſe qui ne faiſoit qu'entrer
dans la cour. La foudre , tombant à mes pieds ,
m'auroit cauſé moins de frayeur. Je me levai
avec le plus vif empreſſement pour aller au-de-
vant d'eux , & je conſidérai peu ſi je donnois
ſujet à Fincer de m'accuſer d'impoliteſſe.

Mon eſpérance étoit d'apprendre de Tenermill ce qui pouvoit l'amener à Paris ſans ma
participation , ſur-tout avec ma belle-ſœur ,
qu'il étoit important de ne pas expoſer avec ſi
peu de précaution aux interrogations de ſon
pere ; & de le prévenir ſur les diſpoſitions de
Fincer , dont je ne me promettois rien de plus
favorable pour lui que pour Patrice. Mais à
peine m'eut-il apperçu, que, ſans baiſſer la voix
& ſans s'éloigner de Myladi qu'il conduiſoit
par la main , il me conjura de me rendre ſur le
champ aux Saiſons , où ma préſence étoit néceſſaire , & de lui abandonner le ſoin de ménager l'eſprit de Fincer. J'ouvris la bouche pour
lui expliquer mes difficultés. Il ne me laiſſa
point le temps d'achever , & ſe hâtant de paſſer
ſans me répondre , il ſe précipita dans les bras

de Fincer, qui m'avoit fuivi de près avec le Comte.

Le ton dont il m'avoit prié de partir étoit fi preffant, que je ne mis point en délibération fi je devois avoir pour lui cette complaifance. Quelque opinion que j'euffe toujours eue de fon caractere, je confidérai qu'il étoit plus intéreffé que moi au dénouement d'une fi étrange aventure, & qu'il ne s'y feroit point engagé avec tant de témérité, s'il n'avoit eu quelque raifon de compter fur le fuccès de fon entreprife. La commiffion dont il me chargeoit n'étoit pas moins obfcure, mais je favois du moins avec qui j'avois à traiter ; & dans quelque difpofition que je puffe trouver mademoifelle de L.... & Patrice, je n'avois à craindre que les difficultés que je pouvois oppofer moimême à leur tendreffe ou à leurs réfolutions. Je partis. Mes réflexions ne roulerent en chemin que fur les motifs qui avoient pu engager Tenermill dans une démarche fi précipitée, & mon attention ne fe tournant point vers la raifon qui devoit fe préfenter à moi naturellement, j'arrivai aux Saifons avec mes incertitudes.

Patrice n'ignoroit ni le départ de Tenermill ni l'arrivée de Fincer. Je le trouvai à la porte de notre maifon, & la joie qu'il eut de me voir me fit juger de l'impatience avec laquelle il m'attendoit. Il éclaircit tout-d'un-coup mes doutes en m'apprenant que fon frere avoit reçu dans mon abfence un exprès de Fincer, qui le prioit de fe rendre auffi-tôt chez le Comte avec fa fille; qu'il le traitoit dans fa lettre avec tant de confiance & d'amitié qu'il n'avoit pas balancé à partir fur cette flatteufe apparence. Ma premiere queftion regarda ma belle-fœur. Eft-elle partie fans vous voir, dis-je à Patrice? Elle

m'a cru parti moi-même, me répondit il ; &
quoique j'aie négligé d'apprendre de Tenermill
par quel art il l'a rendue tranquille, son visage, que j'ai observé secretement à son départ,
ne portoit aucune marque d'inquiétude. Mais,
reprit-il avec un air de satisfaction que je ne
lui avois pas vu depuis long-temps, elle n'étoit
pas la seule ici qui eût sujet de s'abandonner à la joie. Je sais de mon frere qu'il vous
a communiqué le dessein que le Ciel lui a inspiré pour notre bonheur. Vous l'apprendrez,
ajouta-t-il en m'embrassant avec transport. C'est
réparer tout le mal que vous m'avez fait, &
me rendre pour jamais le plus heureux de tous
les hommes. J'eus peine à me dégager de ses
bras, dans lesquels il me tenoit encore embras-
sé. Je le regardai quelque temps sans lui répondre, & l'air dont je tenois les yeux fixés sur
les siens devoit lui faire sentir que je n'avois
pas l'esprit aussi libre que lui. Enfin, ouvrant
la bouche avec un soupir, dans le trouble con-
tinuel où vous me jettez, lui dis-je, j'ignore
moi-même ce que je condamne ou ce que j'approuve. Et le prenant par le bras pour faire un
tour de jardin avec lui, j'allois l'interroger sur
la part qu'il avoit eue aux projets de son frere,
lorsque je reçus un autre sujet de surprise en
découvrant mademoiselle de L.... qui s'avan-
çoit légerement vers nous avec ma sœur. Son
visage me parut si plein & si vermeil que j'eus
peine à me persuader qu'elle sortît d'une maladie aussi dangereuse qu'on me l'avoit repré-
sentée. Je ne lui avois jamais vu tant d'embon-
point & de fraîcheur. Patrice & Rose, qui s'ap-
perçurent de mon étonnement, se regarderent
avec un sourire qui me fit soupçonner une partie de la vérité. Je m'expliquai assez pour les

forcer de convenir que mademoiselle de L.....
étoit rétablie depuis long-temps, & que c'étoit
de concert qu'ils avoient feint la continuation
de sa maladie, pour jouir plus librement du plaisir de se voir.

Quels amusements frivo'es dans les circonstances où nous étions, & quel augure pour le
fond de leur conduite! Je ne fus pas moins
choqué de l'air de joie qui régnoit parmi eux.
Etoit-ce le temps de se livrer à cette dissipation,
& ne me devoient-ils pas du moins d'autres
ménagements lorsqu'ils ne pouvoient douter
que ma disposition ne fût tout-à fait différente?
J'ignorois encore à quoi Tenermill leur croyoit
ma présence & mes soins nécessaires; mais je
ne voyois que trop le besoin qu'ils avoient d'un
guide, & je tremblois qu'il ne leur restât pas
même assez de sagesse pour sentir l'utilité qu'ils
pouvoient tirer de mes conseils. Enfin, n'espérant pas de me procurer aussi-tôt que je le
désirois un entretien particulier avec Patrice,
& me flattant encore moins de prendre sur lui
un certain empire après l'expérience que j'avois
eue de son obstination, je me réduisis à leur
demander quelles étoient leurs vues, & ce
qu'ils se promettoient de l'arrivée de Fincer &
du départ de Myladi? Patrice me répondit que
ses espérances lui paroissoient désormais trop
bien établies pour m'en faire un mystere; que
Myladi pressée par l'ordre absolu de son pere,
ne refuseroit point son consentement à leur
séparation; & que Tenermill, qui faisoit son
bonheur de l'épouser, étant en état de lui faire
des avantages qu'elle n'avoit pas trouvés dans
son premier mariage, personne ne condamne-
roit une démarche qui lui auroit paru dure à lui-
même s'il n'y eût cherché que son propre intérêt.

En ſuppoſant le conſentement de ma belle-
ſœur, je ne pouvois rien trouver, en effet,
d'abſolument condamnable dans cette réponſe.
Mais quelle apparence qu'elle ſe rendît ſi facilement aux ordres de ſon pere, & quelle certitude même que Fincer fût diſpoſé à lui en
donner de ſi rigoureux ? Je concevois bien
qu'elle avoit pu être entretenue de mille fauſ-
ſes eſpérances par l'adreſſe de Tenermill, qui
s'étoit propoſé tout à la fois & de la ſoulager
ainſi d'une partie de ſes peines, & de faire inſenſiblement quelques progrès dans ſon cœur,
en ſe rendant maître de ſa confiance. Elle
avoit pu ſe laiſſer perſuader de l'abſence de ſon
mari, quel qu'en fût encore le prétexte. Elle
avoit pu croire que la préſence de ſon pere con-
tribueroit au rétabliſſement de ſon repos, & ſur
la nouvelle de ſon arrivée elle avoit pu ſouhaiter avec empreſſement de ſe rendre à Paris pour
le voir. Mais l'illuſion pouvoit-elle durer plus
long-temps ? Et lorſque Tenermill m'avoit confeſſé lui-même que dans toute la familiarité
qu'il avoit avec elle, il n'avoit pas eu la hardieſſe de prononcer une fois le nom d'amour,
devois-je m'imaginer qu'il la trouveroit diſpoſée à l'écouter dès qu'il lui en parleroit aſſez
ouvertement pour lui propoſer ſa main ?

Cependant ce ſoin me regardant moins directement tandis qu'elle étoit ſous la protection
de ſon pere, je fis à Patrice une réponſe qui
flattoit ſes ſentiments ſans trahir les miens. Ne
doutez pas, lui dis-je, que votre bonheur &
celui de votre frere ne faſſent également l'objet de tous mes vœux. Mais prenons ſoin qu'il
n'y entre rien qui puiſſe nous être reproché.
Mylord Tenermill m'a preſſé de quitter Paris
pour vous rejoindre. Je ſuis trompé s'il n'a

cru que le féjour des Saifons eft moins convenable à mademoifelle de L.... depuis que vous y êtes prefque feul avec elle..... Non, non, interrompit Patrice ; fi mon frere vous a prié de vous rendre auprès de nous , c'eft dans une autre vue , dont je fuis convenu avec lui que nous différerions quelque tems l'explication. Et nous avons penfé, ajouta-t-il , que votre préfence & celle de ma fœur fuffiroient ici pour nous mettre à couvert des foupçons de la médifance. Je ne fais , repris-je , à quoi la mienne peut fervir ; mais je crois ma fœur abfolument obligée de fe rendre à Paris. J'infiftois fur cette néceffité, dans la perfuafion où j'étois que la bienféance n'avoit été violée que trop longtemps par le mal que je voulois faire ceffer ; & repréfentant à ma fœur toutes les raifons qui devoient la porter à fuivre inceffamment fon mari, j'ajoutai, pour donner plus de force à mon confeil, que je ne pouvois répondre moimême du temps que je pafferois aux Saifons. On fe rendit enfin à mes inftances. Mademoifelle de L..... partit avec ma fœur , qui fe chargea de la remettre chez elle. J'eus une peine extrême à retenir Patrice. Il craignoit de bleffer la politeffe & l'amour en laiffant partir fon amante fans lui donner la main jufqu'à Paris.

Foible frere ! & que fa foibleffe m'infpiroit de compaffion ! Mais étois-je moins à plaindre que lui, moi qui étois devenu comme le jouet d'une jeuneffe imprudente , & qui venois d'effuyer les injures & les mépris d'un homme que je connoiffois auffi peu que Fincer. L'ardeur de la charité me les avoit fait dévorer, & j'oubliai par le même principe toutes les raifons que j'avois eues de me refroidir pour Patrice. Je ne connoiffois plus de reffource pour toucher fon

cœur ; & depuis qu'il avoit manqué à tous les
égards qu'il devoit du moins à mon caractere,
je prévoyois bien que je n'avois plus rien à efpérer de fa raifon , non plus que de la tendreffe
du fang. Cependant je ne pouvois renoncer à
la confolation d'avoir rempli mon devoir , &
le plus jufte reffentiment ne m'avoit point
encore fait balancer fi je devois payer les outrages d'une famille ingrate par l'indifférence &
par l'oubli. La grace du Ciel , difois-je pour
me foutenir dans les amertumes de mon cœur ,
attend peut-être le moment qu'elle a fixé pour
les rappeller à eux-mêmes. Elle a peut être attaché leur retour à quelque moyen qui m'eft
encore inconnu. Je ne me lafferai point de les
preffer & de les combattre. Ce que je ne ga-
gnerai point par mes confeils & par mes reproches, je l'obtiendrai peut-être par mes larmes ,
& je l'arrêterai par mes cris.

La langueur où je vis tomber Patrice, après
le départ de mademoifelle de L... , me fit connoître mieux que jamais la force de fa paffion.
A peine eut-il la complaifance de me donner
les éclairciffements que je lui demandai fur diverfes circonftances de la conduite & du projet
de fon frere. Il en ignoroit lui-même une partie ; & dans ce qu'il étoit en état de m'apprendre, je reconnus, à l'étendue & à la fermeté des
vues de Tenermill, que l'embarras où j'avois
cru le furprendre dans les deux entretiens que
j'avois eu avec lui, venoit moins d'un fond de
foibleffe, que de la crainte qu'il avoit eue de
m'en laiffer trop appercevoir. Il aimoit, & l'ex-
preffion de fa tendreffe n'étoit point exagérée.
Mais il entroit dans fes fentiments autant d'am-
bition que d'amour. Sa fortune , telle que le
Roi Jacques l'avoit rendue , ne fuffifoit point

pour ſes projets d'établiſſement. Il penſoit à
l'augmenter par un mariage avantageux ; & fier
juſqu'à ſe faire un tourment des ſoumiſſions
auxquelles il falloit ſe réduire pour plaire à
quelque Dame Françaiſe, il avoit conçu qu'il lui
ſeroit plus facile & plus court de s'inſinuer dans
l'eſtime de la femme de ſon frere, avec une
eſpece d'aſſurance d'obtenir ſa main & ſes richeſſes, du moins lorſqu'il ſeroit appuyé de l'autorité de ſon pere , & qu'elle commenceroit à
déſeſpérer du retour de ſon mari. Les charmes
d'une femme ſi aimable avoient fait néanmoins
une vive impreſſion ſur ſon cœur, & c'étoit ce
qu'il nommoit ſon bonheur, d'avoir trouvé ſi
heureuſement l'occaſion de concilier ſa fortune
avec ſa tendreſſe ; mais en s'ouvrant à moi ſur
ſon amour, il ne m'avoit découvert que la moitié de l'intérêt dont il étoit touché.

Ainſi , quoique par intervalle, & toujours
avec quelque interruption, je tirai de Patrice
un grand nombre de connoiſſances qui m'ai-
doient à pénétrer dans celles qu'il refuſoit, ou
qu'il n'avoit pas obtenues lui-même. Je ne lui
parlai point de ma belle-ſœur. Il étoit comme
décidé que ſon cœur ne s'attendriroit jamais
pour elle ; & la ſcene étoit tellement changée,
qu'en conſultant le mien, je ne ſavois plus de
quel côté je devois tourner mes déſirs. Je l'aurois averti, s'il m'en eût laiſſé le temps, de ſe
défier d'une paſſion qui ne ſe faiſoit plus connoître que par des emportements & des excès ;
& puiſqu'il étoit ſi volontairement l'eſclave
de l'amour, je l'aurois exhorté à porter du moins
ſes chaînes avec plus de force & de dignité.
Mais dès le lendemain du départ de ſa maîtreſſe, inquiet apparemment de ſon abſence, &
poſſédé du déſir de la revoir, il quitta les Sai-

sons sans m'avoir communiqué son deſſein.
Mon laquais qu'il rencontra par hazard, reçut de ſa bouche l'ordre de m'avertir de ſon
départ, avec quelques politeſſes que l'occaſion
ſeule le fit ſouvenir de m'adreſſer.

Mes peines continuelles m'accoutumoient
inſenſiblement à recevoir les plus triſtes coups
ſans émotion. Ne pouvant regarder néanmoins
ce nouvel incident comme une choſe indiffé-
rente, je penſai ſur le champ à monter moi-
même à cheval, pour ſuivre ce frere impru-
dent, & le forcer s'il étoit poſſible, de retourner au lieu qu'il quittoit. Son abſence, dans
un jour où il pouvoit recevoir à tous moments
de ſon frere l'importante nouvelle qui devoit
décider de ſon ſort, me parut un oubli monſ-
trueux de lui-même, qui ne pouvoit venir que
du dernier excès d'aveuglement. Comment me
figurer qu'il ſe propoſât quelque choſe de plus
intéreſſant que ce qui paroiſſoit l'occuper tout
entier ? Cependant la crainte de l'irriter par mon
zele, me fit prendre le parti de charger mon laquais d'une commiſſion que je crus trop difficile pour moi. Je jettai ſur le papier les premieres réflexions qui m'étoient venues à l'eſprit,
& je me hâtai de faire partir Jacin avec ma lettre. Non-ſeulement ce laquais, dont j'ai déjà
fait obſerver l'intelligence & la diſcrétion, étoit
capable de faire plus de diligence que moi, mais
s'il ne le joignoit pas ſur la route, il avoit ordre de pouſſer juſqu'à Paris, & de lui préſenter
ma lettre aux yeux de mademoiſelle de L...,
que je voulois intéreſſer par cette démarche
à le forcer elle-même de retourner ſur ſes
pas.

J'étois dans l'attente de ſon retour, lorſqu'un
autre courrier me préſenta deux lettres, l'une
de

de Fincer, & l'autre de Mylord Tenermill.
Mon impatience me les fit ouvrir toutes deux
fuccefhvement, fans favoir laquelle je m'arta-
cherois à lire la premiere. M'étant déterminé
néanmoins à commencer par celle de mon frere, je compris, dès les premieres lignes, qu'il
étoit au comble de fes défirs, puifque fon exorde étoit une félicitation fur fon bonheur. Se-
condé, me difoit-il, par l'autorité paternelle,
il avoit enfin prévalu fur les réfiftances de l'aimable Sara Fincer ; & le confentement qu'on
avoit attendu d'elle pour la féparation étoit
donné dans les formes les plus légitimes. Le
Roi, à qui il l'avoit porté auffi-tôt, l'avoit confirmé par fon approbation, & deux Evêques Anglois qu'il avoit à fa Cour l'avoient revêtu de
la forme eccléfiaftique. Dans la crainte qu'il
ne m'en reftât quelque doute, il m'envoyoit fur
la feconde page de la feuille une copie du confentement de Sara, & de l'acte eccléfiaftique
de Saint Germain, fignée de la main de Fincer,
qui me rendoit d'ailleurs le même témoignage
dans fa lettre. Ainfi le Ciel & les hommes
s'accordant à favorifer fon entreprife, il ne reftoit qu'à la terminer par une double cérémonie, dont il étoit bien jufte que je fuffe le Mi-
niftre ; & comme la différence du féjour n'en
mettoit point dans les ufages & les droits de
notre nation, il ne falloit point penfer à s'a-
dreffer aux Evêques de France pour obtenir
d'eux des difpenfes qui étoient affez claire-
ment accordées dans l'acte des deux Prélats
Anglois. Il me conjuroit donc de donner promptement la bénédiction nuptiale à Patrice & à
mademoifelle de L.... C'étoit dans cette vue
qu'il m'avoit recommandé la veille avec tant
d'inftances de me rendre aux Saifons, & je ne

pouvois faire trop de diligence pour ôter à Sara
Fincer toutes les apparences d'espoir qui lui res-
toient encore de l'ancienne inclination de son
cœur. Après avoir uni l'heureux couple que
j'avois avec moi, je devois me hâter aussi de
me rendre à Paris, où j'acheverois le bonheur
de notre famille, en l'unissant lui-même à une
-personne qu'il aimoit uniquement.

La lettre de Fincer, que toute ma surprise
ne m'empêcha pas de lire aussi-tôt, contenoit
effectivement la confirmation de tous ces ar-
ticles, avec quelques excuses de la maniere of-
fensante dont il se reprochoit de m'avoir traité
sur de fausses préventions qu'il me promettoit
de réparer par une estime & une amitié sans
réserve.

Qui ne s'imagineroit pas ici que mon premier mouvement fût un transport de joie, &
que je me crus à la fin de toutes mes peines ?
Moi-même je fis pendant quelques moments des
efforts pour me le persuader ; & prenant toutes
les circonstances de la lettre de mon frere du
côté le plus favorable, je me prêtai, autant qu'il
me fut possible, à l'idée qu'il me donnoit de
notre bonheur. Je trouvois sans doute un peu
de précipitation dans ses désirs ; & quoique je
ne pusse douter de la vérité des actes dont il
m'envoyoit la copie, je ne pensois pas comme
lui, qu'avec l'approbation du Roi & de nos
deux Prélats Anglois, nous pussions tout-à-
fait nous soustraire à l'autorité de l'Evêque
diocésain. Mais son empressement me paroissoit fort bien justifié par la raison qu'il m'apportoit ; & voisins comme nous étions du Tribu-
nal ecclésiastique de Paris, je prévoyois aussi
peu de retardement que de difficulté à obtenir
les permissions qui sont établies par l'usage.

D'ailleurs on abrege les formalités dans un cas preſſant, & je ſavois qu'en faveur du rang ou de l'importance des conjonctures, on ſe relâche quelquefois d'une partie de la diſcipline. Ainſi les objections que toute ma délicateſſe auroit pu former contre la propoſition de Tenermill, me parurent faciles à détruire. Cependant, après ces réflexions mêmes, il me reſta un trouble qui ne venoit ni de la nature ni des difficultés de ma commiſſion, & qui m'ôta toute l'ardeur avec laquelle il me ſembloit que j'aurois dû me porter à ſatisfaire Tenermill. Dans l'étonnement que j'en eus, j'examinai ſi ce n'étoit pas une foibleſſe de l'amour-propre, qui me faiſoit reſſentir quelque chagrin de la ruine de mon ouvrage, & regarder le ſuccès d'une entrepriſe oppoſée à toutes les miennes, comme une tache éternelle pour ma prudence. Cette penſée, qui me fit craindre d'avoir ouvert l'entrée de mon cœur à l'orgueil, m'auroit peut-être porté ſur le champ au ſacrifice de toutes mes répugnances, ſi Patrice s'étoit trouvé aux Saiſons; & j'en pris occaſion de lui dépêcher un ſecond courier, pour le preſſer du moins de venir délibérer avec moi ſur un incident auquel je ne me figurois pas qu'il s'attendît ſi-tôt. Je joignois la lettre de ſon frere à celle que je lui écrivois, & je lui conſeillois de paſſer à l'Officialité avec cette piece, pour s'aſſurer d'avance des facilités que nous avions à eſpérer de M. l'Archevêque de Paris.

Au moment que je fermois ma lettre, on m'apprend qu'il arrive avec mademoiſelle de L...., & je le vois entrer effectivement avec elle, les yeux ſi brillants de joie, que je compris tout-d'un-coup qu'il ne me reſtoit rien à

leur apprendre. Ses premieres expreffions furent des cris & des tranfports. Savez-vous
mon bonheur, me dit-il du ton d'un homme
qui ne fe poffede point ? Fincer a fait confentir fa fille à notre féparation. Elle époufe
Tenermill. Nous fommes tous heureux. Ma-
riez-nous, reprit-il, nous voulons l'être à ce
moment ; je ne quitte pas la main de ma chere Julie fans avoir reçu votre bénédiction. Je
voulus l'interrompre pour lui apprendre que
j'étois déjà informé de cette heureufe nouvelle, & pour le faire expliquer fur les circonftances que j'ignorois ; mais je ne pus tirer de
lui que de nouvelles inftances de le marier. Au
nom de Dieu finiffons, me dit-il mille fois en
un moment, c'eft l'intention de Fincer & de
Tenermill. Ne voyez-vous pas que, fans un
peu de diligence, notre bonheur court encore
des rifques ? J'aurai le temps de vous raconter
tout ce que vous défirez d'apprendre ; mais ne
retardons point la cérémonie. Je m'efforçai
de l'interrompre encore, pour lui repréfenter
qu'étant dans un pays catholique il ne devoit pas croire que les cérémonies eccléfiaf-
tiques puffent être auffi négligées qu'en Irlande. J'aurois ajouté qu'une lettre de Tenermill & de Fincer ne fuffifoit pas pour me donner les certitudes que je devois fouhaiter. L'approbation du Roi & des deux Evêques qui re-
préfentoient le Clergé d'Angleterre, étoit
une autorité que je ne prétendois pas contefter,
mais il me fembloit qu'elle devoit m'être déclarée avec d'autres mefures, & je ne pouvois
paffer d'ailleurs fur la difficulté qui m'arrêtoit
du côté de l'Evêque diocéfain. Ces raifons auroient eu la force de me faire réfifter à toutes les follicitations du monde. Il ne me fut

pas poffible de les faire entendre. L'ardent Patrice n'écoutant que fes propres tranfports ,
alloit jufqu'à me prendre le bras pour m'aider à
lever la main , & perdoit l'haleine à me conjurer de lui donner ma bénédiction.

Il falloit un événement tel que celui qui
furvint tout-d'un-coup pour me délivrer d'u-
ne perfécution fi obftinée. Ma belle - fœur
ayant trouvé le moyen de s'échapper de la maifon du Comte , étoit montée dans la premiere
voiture qui s'étoit préfentée , & ne pouvant
douter , fur les difcours qu'on lui avoit tenus ,
que le mariage de Patrice & de mademoifelle
de L... ne dût être célébré le même jour , elle
avoit pris le chemin des Saifons avec tous les
tranfports d'une amante & toute la furie d'u-
ne époufe , pour troubler une cérémonie à laquelle il étoit faux qu'elle eût donné fon confentement. Son pere avoit employé la force
pour arracher fon feing. Dans l'indignation
dont il étoit rempli contre Patrice , il-n'avoit
rejetté aucun moyen pour lui ôter fa fille ; &
Tenermill devoit peut-être moins à fon eftime les difpofitions favorables où il étoit pour
lui , qu'à la haine qu'il portoit à fon frere.
La malheureufe Sara en étoit devenue la
victime. Fincer n'avoit pas rougi de lui faire
figner malgré elle un confentement contre
lequel elle n'avoit pas ceffé de protefter. Il s'é-
toit enfermé avec elle ; & lui ayant faifi un
bras , il avoit conduit fa main. Remettant en-
fuite cette infame piece à Tenermill , il l'a-
voit exhorté à fe preffer d'en faire ufage , &
c'étoit en effet de concert qu'ils avoient pris
toutes les mefures qu'ils m'avoient expliquées
dans leurs lettres. La Comteffe avoit ignoré
cette violence , & Tenermill même n'avoit

pas fu jufqu'où Fincer l'avoit portée. Ils
m'ont juré cent fois tous deux que, malgré
l'éloignement qu'ils connoiffoient à ma belle-fœur pour fa féparation, ils s'étoient per-
fuadés en voyant fon confentement figné de
fon nom dans les mains de Fincer, qu'elle
avoit cédé enfin à l'autorité paternelle; & que
s'ils avoient fu qu'elle répandoit des torrents
de larmes, ils les avoient regardées comme les
reftes d'une paffion qu'elle s'efforceroit d'étein-
dre. Le foin avec lequel Fincer la faifoit garder par fes femmes avoit pu aider à leur
erreur; car la Comteffe même n'avoit point
eu la liberté de la voir, & Tenermill occupé à faire agréer fon mariage au Roi, ne l'a-
voit vue qu'à fon retour, & depuis le départ
du courier qui m'avoit apporté fes lettres. Il
avoit cru lui faire perdre toute efpérance, &
couronner l'ouvrage de Fincer en lui apprenant que Patrice devoit être marié le même
jour, & il n'avoit pas manqué en effet de
faire avertir mademoifelle de L...... par la
Comteffe de retourner aux Saifons, pour y recevoir la bénédiction de ma main. Mais ne fe
poffédant plus à cette déclaration, ma trifte
belle-fœur avoit trompé la vigilance de fes
femmes, & fon tranfport ne s'étoit point refroidi jufqu'aux Saifons.

Elle fe garda bien de nous faire annoncer fon
arrivée. Ayant arrêté au contraire tous les domeftiques qui fe trouverent fur fon paffage,
elle ouvrit elle-même la falle où nous étions,
& elle nous glaça le fang par fa préfence. La
pofture de deux amants, qui étoient debout
vis-à-vis de moi, lui fit croire apparemment
que j'étois prêt à les unir, ou que la cérémonie étoit peut-être commencée; & ce foupçon étoit d'autant plus naturel, qu'elle pou-

voit fe fouvenir de celle de fon mariage, à laquelle je n'avois pas apporté beaucoup plus de
formalités. Quoi qu'il en foit, car je n'ai jamais eu l'occafion d'en apprendre la vérité
d'elle même, elle s'avança vers nous avec un
mouvement qui exprimoit toutes fes craintes;
& faififfant la main de fon mari: font-ils ma-
riés, me demanda-t-elle en tremblant? Je me
hâtai de lui répondre qu'ils ne l'étoient pas.
Ah! reprit-elle, fans me donner le temps de
rien ajouter, ne fouillez pas vos mains par un
facrilege. Vous êtes trompé, fi quelqu'un
vous a fait croire que j'y aie confenti. On
m'arracheroit plutôt la vie par mille tourments.
Et fe jettant aux genoux de Patrice: ôtez-la
moi de vos propres mains, lui dit-elle en fon-
dant en larmes: voilà mon fein, ne craignez
pas de frapper. Je ne réfifterai point à vos coups;
mais n'attendez pas que je vous rende jamais
les droits que vous m'avez donnés fur vous
par vos ferments. Je les foutiendrai jufqu'au
dernier foupir. Vous êtes à moi, continua-
t-elle en pouffant mille fanglots; j'en prends
le Ciel & votre frere à témoins. Hélas! ai-je
abufé de mes droits? Vous ai-je donné fujet
de me haïr? Que vous ai-je fait que de vous
trop aimer, & de chercher fans ceffe à vous
plaire? Elle continuoit de tenir fa main, quoiqu'il fit quelque effort pour la dégager. Je ne
fais quelle attention il faifoit à fon difcours;
mais il paroiffoit en faire beaucoup davantage
au mouvement de mademoifelle de L..., qu'il
tenoit de l'autre main, & qui dans la confufion où elle étoit fans doute, tiroit de toute fa force pour s'éloigner. Il craignoit apparemment qu'elle ne fortît de la falle & peut-
être de la maifon, de forte que c'étoit un

spectacle curieux de le voir entre deux femmes animées par des motifs si différents, qui
le tiroient à elles chacune de leur côté , ou
plutôt dont il tiroit l'une , tandis qu'il étoit
tiré par l'autre. Un moment, disoit-il, à mademoiselle de L...., en lui jettant un regard
où son inquiétude étoit peinte ; de grace arrêtez un moment. Je commençois à craindre
que l'indignation ne saisît ma belle-sœur, &
ne lui fît exhaler sa douleur en injures contre
sa rivale. Mais lorsque je tremblois pour les
suites de cette scene , mon étonnement fut extrême de la voir tourner d'une maniere bien
plus capable de m'attendrir. Arrêtez , mademoiselle , arrêtez , s'écria la triste fille de Fincer , je vous demande cette complaisance pour
moi-même ; & doit-elle vous coûter beaucoup ,
si elle ne vous expose qu'à voir votre triomphe ? Je vous crois digne d'être aimée , puisque vous avez fait des impressions si puissan-
tes sur le cœur de mon mari. Mais si vous
l'aimez autant que je l'aime, hélas ! vous com-
prenez quels doivent être mes tourments. La
pitié ne peut-elle pas trouver place avec l'a-
mour ? Abuserez-vous de l'ascendant que vous
avez sur mon sort pour me faire mourir dans
un cruel désespoir ? Je vous cede la part que
vous méritez à sa tendresse. Qu'il vous aime ,
j'y consens. Qu'il vous voie sans cesse ; qu'il
vive avec vous ; mais qu'il ne me haïsse point.
Qu'il ne m'ôte point le nom de son épouse.
Qu'il me permette de vivre avec vous & avec
lui. Est-ce pour vous que ce partage est of-
fensant ? Obtenez-moi de lui la part que j'ai
droit de demander à son cœur , & je ne vous
disputerai jamais celle dont vous êtes en possession. Ah ! continua t-elle , en cédant à l'ef-

fort que je faifois pour la relever, je ne me
foutiens plus, les forces me manquent ; mais
je fuis bien aife qu'il me voïe dans cet état.
Ce n'eft point maladie , c'eft défefpoir & douleur. Il dépend de vous , reprit-elle , en s'a-
dreffant encore à mademoifelle de L.... hélas !
il dépend de vous de m'achever. Je vois bien
que c'eft entre vos mains que je dois remettre
ma vie , car elle commenceroit peut-être à lui
être chere fi vous y preniez quelque intérêt.
Ayez pitié d'une femme qui ne vous a jamais
offenfée. Pourquoi feriez-vous moins géné-
reufe que moi ? Voulez-vous que je me jette
à vos pieds ? ma fierté n'en murmurera point.
Je ne fuis plus fenfible à l'humiliation , & je
n'excepte rien des facrifices que je fuis prête à
vous faire.

Il eft inutile de joindre des ornements à une
fcene fi touchante. J'en étois fi attendri que
je ne m'étois pas encore fenti la force de prononcer un feul mot. Mais je ne pus voir ma
belle-fœur difpofée à fe mettre à genoux devant fa rivale , fans reffentir une nouvelle forte d'émotion, qui me délia auffi-tôt la langue. Ah ! qu'allez - vous faire, m'écriai - je en
l'arrêtant ? Et vous feriez capable de le fouffrir , dis-je à mademoifelle de L.... en me tournant vers elle ? J'aurois ajouté quelque chofe
à ce reproche, fi elle ne m'eût prévenu par
une démarche à laquelle je ne me ferois jamais attendu. Les yeux humides de pleurs que
le fentiment d'une vive compaffion lui arra-
choit, elle fe jetta au col de ma belle-fœur ,
tandis que Patrice auffi ému de ce fpectacle
que je l'avois été du précédent, demeura interdit & penfif à obferver quelles en alloient
être les fuites. Mademoifelle de L..... fe tint

quelque temps panchée sur le visage contre lequel elle serroit le sien. Je serois indigne de vivre, dit-elle enfin, si je ne sentois pas le prix de tant de douceur & de générosité. Vous n'aurez pas à vous plaindre de mes sentiments ni de ma conduite. Vivez pour être heureuse. S'il faut ici des sacrifices, je sens à qui le devoir les impose, & je m'y condamne. Mon exemple fera peut-être le même effet sur votre mari.

Ces sentiments m'auroient charmé s'ils n'eussent point été accompagnés d'autres larmes que celles que j'ai attribuées au premier mouvement de la compassion. Mais ils en produisirent ensuite un torrent, qui étoit un témoignage trop clair de la violence qu'on se faisoit, & qui me fit prévoir qu'ils ne seroient point aussi durables qu'ils pouvoient avoir été sinceres. Patrice ne s'occupoit point d'une réflexion si favorable à son amour. Pénétré jusqu'au fond du cœur d'un discours qui lui parut une infidélité dans sa maîtresse, il considéra peu si les reproches dont il se crut en droit de l'accabler étoient une nouvelle offense pour son épouse. Il se plaignit la larme à l'œil d'être le plus désespéré de tous les hommes, & dans le dépit qui lui fit prononcer les noms d'ingrate & de perfide, il souhaita peut-être pour la premiere fois de pouvoir se venger en se réduisant à son devoir. Ma belle-sœur, qui osoit à peine se persuader que ses sens ne l'eussent pas trompée, pardonnoit de bon cœur à son mari un ressentiment qui sembloit confirmer ce qu'elle venoit d'entendre ; & feignant de ne faire aucune attention aux plaintes qui lui échappoient, elle payoit à mademoiselle de L.... par mille caresses la cour-

te fatisfaction qu'elle avoit reçue de fon difcours. Le Ciel connoît feul quel cours auroit pris un entretien dont je n'ofois encore me
rien promettre ; mais au moment que je m'a-
dreffois à Patrice pour modérer fon agitation ,
& pour l'exhorter à faire un effort digne de
lui-même & de l'exemple de fa maîtreffe , un
avis imprévu vint nous jetter dans un nouveau
trouble. Fincer arrivoit avec Mylord Tenermill. Ils avoient marché de près fur les traces
de ma belle-fœur , & Jacin qui les avoit heureufement apperçus en revenant de Paris , avoit
gagné le devant pour me prévenir fur leur
approche.

Il ne fe préfentoit pas deux partis à choifir.
Il falloit non-feulement les recevoir , mais leur
expliquer ce qui venoit de fe paffer à mes
yeux. Je priai mademoifelle de L.... de fe
retirer dans un appartement voifin ; & la féli-
citant à mon tour de la victoire qu'elle avoit
remportée fur elle-même , je l'exhortai en la
conduifant vers la porte , à foutenir glorieu-
fement une réfolution fi noble. Je laiffai Patrice affis dans un fauteuil à quelques pas de
fon époufe , ne doutant pas que ce qu'elle feroit encore pour l'attendrir ne fecondât dans
fon cœur le reffentiment dont je le croyois
rempli contre fa maîtreffe. Mais que je m'é-
tois flatté mal-à-propos de connoître l'amour !
En fortant de la falle , mademoifelle de L....
tourna la tête , & jetta les yeux fur lui. J'obfervai ce regard ; je n'y vis rien de plus déclaré que de la trifteffe & de la langueur. Cependant lorfque revenant fur mes pas je commençois à efpérer quelque chofe d'un compliment qu'il adreffoit d'un air affez doux à
fon époufe , je compris , aux premiers mots

que j'entendis, combien j'étois éloigné de
mes efpérances. Il s'étoit levé pour lui dire
qu'il n'y auroit point de fituation dans toute
fa vie où il ne confervât pour elle le refpeƈt
qu'elle méritoit par fa bonté & fa vertu ; mais
que puifqu'elle connoiffoit les fecrets de fon
cœur, elle devoit juger qu'il ne pouvoit rien
ajouter à ce fentiment. Je m'étois déjà rapro-
ché de lui, ce qui ne l'empêcha point de tourner auffi-tôt vers la porte, & de fortir auffi
rapidement que s'il eût été pourfuivi.

Regard empoifonné, qui réveilla dans fon
cœur toute la force de l'efpérance. Ma belle-
fœur avoit réfifté aux agitations que j'ai dépeintes ; mais cette nouvelle trahifon furmon-
ta fa conftance. Elle tomba évanouie fur fa
chaife. Les foins que je ne pouvois me difpenfer de lui donner, me firent perdre de vue Patrice & fa maîtreffe. J'étois encore empreffé
à la fecourir, lorfque Fincer fe fit entendre
avec Tenermill. Ils entrerent au moment
qu'elle recommençoit à ouvrir les yeux, & rien
ne pouvant l'engager à fe contraindre, ils
furent témoins de fes premieres plaintes.

C'en étoit affez pour leur faire pénétrer
une partie de nos aventures. Le farouche Fincer qui l'avoit traitée avec tant de rigueur, parut touché de l'affoibliffement où il la voyoit,
& faifant déformais peu de fond fur le confentement auquel il l'avoit forcée, il s'expli-
qua d'abord avec moi en homme qui fe reprochoit une violence inutile. Cependant la con-
clufion de fon difcours me confirma dans l'i-
dée que j'avois toujours eue de fon caractere. J'avois plus compté, me dit-il, fur les mefures que j'avois prifes avec Mylord Tenermill ; mais puifqu'elle s'obftine à vivre mal-

heureuſe avec un mari qui a ſi peu de conſi-
dération pour elle, qu’elle ſubiſſe toute la rigueur d’un ſort qu’elle a choiſi volontairement.
Tenermill qui étoit pendant ce temps-là auprès
d’elle, à lui offrir tous les ſecours dont elle
avoit encore beſoin, entendit cette eſpece de
déciſion, qui ruinoit abſolument ſes eſpérances : il vint à nous, & par un raiſonnement
aſſez ſpécieux, il lui repréſenta que de deux
partis qu’il y avoit à choiſir, celui qui s’accordoit le mieux avec l’honneur de nos deux
familles & le bonheur particulier de ſa fille,
étoit ſans doute le ſeul auquel il falloit s’arrêter. Il inſiſta même ſur la honte qui rejailli-
roit ſur Fincer de la diſgrace d’une fille unique, pour qui l’on ne ſuppoſeroit jamais qu’un
mari marquât tant de mépris & de dégoût,
s’il n’en avoit des raiſons aſſez fortes pour balancer tous ſes charmes. La conſéquence ſui-
voit d’elle-même. Il falloit uſer, ſans la con-
ſulter trop, de tous les avantages qu’on avoit
ſur elle ; & tandis que nous nous trouvions
raſſemblés ſi heureuſement, je devois conclure la cérémonie du mariage par une bénédiction que la préſence d’un pere rendroit inviolable.

Il y avoit peu de délicateſſe dans une propoſition de cette nature. Mais je peins un am-
bitieux dont la tendreſſe même ſe reſſentoit
de la principale paſſion qui dominoit dans ſon
cœur. D’ailleurs Tenermill, avec toutes les
raiſons que j’ai rapportées, étoit ſecretement
piqué que, ſans le vouloir & ſans y penſer,
ſon frere eût inſpiré à la fille de Fincer des
ſentiments qu’elle refuſoit de prendre pour
lui.

Il étoit ainſi l’eſclave de pluſieurs foibleſ-

fes , lorfqu'il croyoit n'en éprouver qu'une ,
& ce qu'il prenoit pour des mouvements d'a-
mour , pouvoit être fucceffivement l'effet de
plufieurs caufes moins glorieufes. Son difcours
fit néanmoins de l'impreffion fur Fincer ; mais
le pouvoir qui difpofe des fortunes & des inclinations ne la fit point tourner au gré de fes
défirs.

Je n'avois pu l'entendre fans être choqué
d'une obftination qui commençoit à devenir
férieufement criminelle. Auffi long-temps que
je m'étois perfuadé, fur fes confidences & fur
l'arrivée de Fincer, que ma belle-fœur pourroit être amenée à quelque compofition volontaire , je m'étois prêté à cette efpérance , &
l'avantage réel de deux familles m'avoit paru
d'un poids qui devoit l'emporter fur mes répugnances particulieres. Mais après le fpectacle dont j'avois encore une partie devant les
yeux , après des preuves fi invincibles de l'oppofition de ma belle-fœur, il ne me reftoit
plus que de l'horreur pour la violence qu'on
avoit employée contr'elle. C'eft en vain , dis-
je d'un ton amer à Tenermill, que vous vous
flattez d'un fuccès auquel vous ne devez
plus prétendre. L'autorité d'un pere ne jufti-
fie point le crime , & c'en eft un déformais
pour vous que de renouveller vos perfécutions.
J'avois pris une meilleure idée de votre projet ; mais je n'y vois plus que de la cruauté
& de l'injuftice. En un mot , ajoutai-je d'un
air ferme , je connois les difpofitions de Myladi, & je m'oppofe en fon nom à tout ce que
vous oferez entreprendre pour la forcer d'être
à vous. Elle ne fera donc à perfonne, me répondit-il brufquement, car j'ai par écrit la
proteftation de Patrice contre le mariage où

vous l'avez engagé ; & si vous supposez ici des crimes, je ne vois que vous qu'on en puisse accuser. Ce reproche me pénétra jusqu'au fond du cœur. Ingrats ! m'écriai-je la larme à l'œil, est-ce là le prix que je devois recueillir de ma tendresse & de mes services ?

Cependant Fincer nous écoutoit en silence, & regardant comme un outrage sanglant pour sa fille ce double refus qui l'exposoit, suivant l'expression de Tenermill, à n'être à personne, il prit sur le champ une résolution plus étrange que tout ce que j'ai rapporté. Vous serez tous satisfaits, nous dit-il sans marquer de colere ; & la prenant par la main avec une invitation assez douce pour lui ôter la crainte qu'elle auroit eue de le suivre, il la pressa de sortir un moment avec lui. J'ignore par quel autre artifice il continua de se faire obéir avec si peu de résistance ; mais dissimulant ses vues jusqu'à la fin, il la fit monter dans la chaise où il étoit venu ; & s'y étant mis avec elle, il reprit le chemin de Paris sans nous faire avertir de son départ. Nous l'apprîmes néanmoins au même moment. Tenermill me regarda d'un œil furieux : vous me coûtez ma fortune, me dit-il ; mais si mes soupçons se trouvent justes, gardez-vous de ma vengeance. J'allois lui répondre avec beaucoup d'embarras ; il étoit déjà à la porte de la chambre : & quittant la maison à pied, faute de voiture, il s'éloigna sans autre suite que son laquais.

Le trouble où j'étois ne m'empêcha point de penser que mademoiselle de L... & Patrice devoient être ensemble dans l'appartement voisin. J'allois à eux pour leur demander quelle explication nous devions donner au départ

précipité de Fincer & de fa fille. Les ayant
cherchés inutilement, j'appris, pour comble de
défordre , qu'ils étoient partis immédiatement
après l'arrivée de Fincer ; ils ne m'avoient
laiffé aucune lumiere fur leurs deffeins , & je
me trouvai ainfi feul , avec le mortel regret
de ne favoir ce que j'avois à faire , ni de quoi
j'étois menacé.

La religion pouvoit m'infpirer de la patience ; mais elle ne m'apprenoit point de quel côté je devois tourner dans un labyrinthe fi inex-
tricable. Ma feule reffource fut de dépêcher
Jacin à Paris , avec ordre de s'affurer feulement de la fituation de tant d'infenfés , qui
paroiffoient renoncer volontairement à toute
ombre de fageffe & de raifon. J'attendis fon
retour avec une impatience égale à mes craintes. La nuit s'étant paffée avant qu'il eût trouvé le moyen d'exécuter mes ordres , je puis
compter cet affreux intervalle pour une des
plus cruelles épreuves où le Ciel ait jamais
mis ma vertu. Enfin je le vis arriver le lendemain ; il m'apportoit deux lettres de mes freres. Avant que de me les laiffer lire , il m'apprit que Fincer n'étoit point retourné chez le
Comte de S... , & qu'en ayant fait apporter fes
malles dans le lieu où il s'étoit rendu , il avoit
pris fur le champ la pofte avec fa fille pour
regagner le Danemarck. Il avoit déclaré lui-
même fon départ aux domeftiques du Comte
qui lui avoient remis fon équipage ; & fans
laiffer échapper une plainte ni un reproche , il
ne leur avoit permis de retourner chez leur
maître qu'au moment qu'il étoit monté dans
fa chaife. Tenermill , qui étoit chez le Comte , avoit appris cette nouvelle avec des tranfports qui reffembloient au défefpoir , & c'é-

toit dans ce mouvement qu'il avoit pris la plume pour m'écrire.

A l'égard de Patrice, Jacin n'avoit pu découvrir où il s'étoit retiré ; mais ayant paſſé pluſieurs fois chez mademoiſelle de L... dans l'eſpérance de l'y trouver, un domeſtique lui avoit enfin remis la lettre qu'il m'apportoit , ſans vouloir lui accorder d'autre explication ; ce qui pouvoit faire juger, me dit Jacin , que mon frere avoit pris pour retraite la maiſon de ſa maîtreſſe. Cependant il étoit perſuadé auſſi que mademoiſelle de L... n'y étoit point avec lui. Il avoit demandé inſtamment l'honneur de la voir , & l'on n'avoit point varié à lui répondre , non-ſeulement qu'elle n'y étoit point retournée, mais qu'on ignoroit ſi ſon abſence devoit durer long-temps. Vous trouverez ſans doute, ajouta Jacin , d'autres éclairciſſements dans vos lettres.

Je les ouvris en tremblant. Celle de Tenermill portoit toute la fierté de ſon caractere. Il répétoit ſans ménagement que j'avois ruiné du même coup ſa fortune & ſon repos ; qu'après l'avoir frappé par deux endroits ſi ſenſibles , je ne devois plus attendre de lui qu'une haine immortelle ; qu'il me la déclaroit , & que je devois rendre graces à ma profeſſion de ce qu'il ſe bornoit au reſſentiment. Si j'aimois ma conſervation , je devois craindre d'exciter ſa colere en offrant mon odieuſe figure à ſes yeux. Il s'applaudiſſoit de l'ordre qu'il avoit trouvé à Paris de joindre ſon régiment , qui devoit paſſer la mer au premier jour. C'étoit le flatter que de l'éloigner des lieux que j'habitois ; & la diſpoſition dans laquelle il ſe trouvoit pour moi en quittant la France , étoit celle qu'il juroit de conſerver toute ſa vie.

O Ciel ! m'écriai-je en verfant un ruiffeau de larmes, par qui fuis-je traité avec tant de hauteur & de mépris ? Eft-ce par un frere, à qui je n'ai jamais fouhaité que les plus précieufes faveurs du Ciel & de la fortune ? Sur qui retombent tes menaces, furieux Tenermill ? N'eft-ce pas fur toi-même, qui te prives des fecours que tu aurois toujours tirés de ma tendreffe & de mes fervices ? Tandis que je reffentois fi amérement fes injures, l'efpérance de trouver quelque confolation dans la douceur & l'amitié de Patrice, me fit ouvrir ma feconde lettre. Le ftyle en étoit plus modéré ; mais quelle fut cependant ma furprife & ma douleur, d'y voir avec moins d'emportement la même réfolution de rompre abfolument avec moi, & finon des déclarations de haine, du moins le langage d'un cœur u'céré qui me nommoit l'auteur de toutes fes infortunes, & qui renonçoit à mon amitié & à mes confeils. J'avois fait fcrupule, m'écrivoit Patrice, de combattre les inclinations de la fille de Fincer : eh ! pourquoi n'avois-je point eu honte en Irlande de faire une mortelle violence aux fiennes ? J'avois cru ma confcience liée par les ufages de l'Eglife ; l'étoit-elle moins par les loix de la nature, lorfque je les avois violées ouvertement pour le marier malgré lui ? Me demandoit-il plus pour le rendre heureux, que je n'avois fait pour le jetter dans un abyme de malheurs ? Enfin fi l'autorité du Roi, celle des Evêques & celle d'un pere ; fi l'approbation de toute notre famille réunie n'avoit pu me faire furmontér des difficultés imaginaires, pourquoi avois-je eu plus de déférence en Irlande pour mes propres caprices ? Il en concluoit qu'il y avoit auffi peu de fond à faire

fur mes lumieres que fur mon amitié ; & s'il
ne me défendoit pas dans des termes auffi in-
jurieux que Tenermill , d'offrir jamais à fes
yeux mon odieufe figure , il me confeilloit
de ne plus prendre la moindre part à fes affaires ,
n'ofant merépondre , difoit-il , des excès où fon
reffentiment étoit capable de le porter contre
ceux qui s'oppoferoient à fon mariage.

Quelque différence que je puffe trouver entre ces deux lettres , je reconnus au fond qu'elles venoient de deux cœurs également aigris ,
dont les expreffions répondoient feulement à
leur caractere naturel. L'amitié me parut éteinte
entre nous pour jamais ; car en fuppofant qu'il
y eût plus de retour à efpérer de la douceur
naturelle de Patrice , j'entrevoyois qu'il mettoit notre réconciliation à un prix auquel il
m'étoit impoffible de me foumettre. Tous fes
fophifmes ne pouvoient changer l'opinion que
j'avois de mon devoir. Les excès de reffentiment par lefquels il fe flattoit peut-être de m'ef-
frayer , n'étoient point capables de me refroidir dans l'oppofition que j'avois faite à fon mariage. Je prévis par conféquent une guerre auffi
ouverte avec lui que celle dont fon frere m'a-
voit fait la déclaration ; & fi la charité m'en fit
verfer des larmes de fang , je trouvai dans la
juftice de quoi me fortifier contre les foibleffes
mêmes de mon cœur. Avec quelle ardeur néanmoins ne demandai-je point au Ciel d'arrêter
la haine & la divifion qui menaçoient notre
malheureufe famille ! Mais n'avois-je pas fait
tout ce qui dépendoit de moi pour les prévenir ?
Ma tendreffe & mes foins s'étoient-ils jamais
relâchés ? Mon zele même avoit-il eu quelque
chofe de trop amer ? & dans la confiance avec
laquelle je m'étois repofé fur les projets dont

on m'avoit fait fi long-temps un myftere, n'étoit
il pas entré plus de modération & de complaifance qu'on ne devoit peut-être en attendre d'un
homme de ma profeffion ? Qu'on m'eût ouvert
en effet quelque voie de conciliation qui n'eût
pas bleffé les droits de l'humanité & les loix
de l'Eglife , avec quelle joie n'aurois-je pas
offert auffi-tôt mon confentement & mon mi-
niftere ! Ce fut dans les réflexions que je fis là-
deffus le refte du jour, que le Ciel me fit naître une idée dont je me promis encore le retardement du moins de cette guerre domeftique
que je ne me flattois plus d'éviter ; & l'ardeur
avec laquelle je m'attachai à ce rayon d'efpérance , me fut comme un nouveau garant de
la droiture de mes intentions.

En admirant la conftance de ma belle-fœur,
qui s'étoit défendue avec autant de fermeté
que de tendreffe contre les follicitations & les
violences mêmes par lefquelles on avoit entrepris de la faire confentir au divorce, j'obfervai que les voies qu'on avoit employées
avoient été capables feules de révolter une femme qui s'étoit vue traiter avec fi peu de ménagement. Tenermill l'avoit trompée long-
temps par de fauffes promeffes ; ou du moins en
lui faifant efpérer qu'il la rendroit bientôt plus
heureufe, & que le parti qu'il avoit pris d'écrire à fon pere ferviroit infailliblement à rétablir la paix dans notre famille , il lui avoit laiffé
lieu de fe flatter que c'étoit en la réconciliant
avec fon mari qu'il prétendoit la fervir ; & le
repos dans lequel elle avoit paru vivre jufqu'à
l'arrivée de Fincer, n'avoit porté que fur ce
fondement. Elle étoit partie des Saifons dans
cette idée , & peut-être n'avoit-elle jamais cru
fon bonheur fi certain, qu'en apprenant que fon

pere étoit à Paris, & qu'il preſſoit Tenermill de s'y rendre promptement avec elle. Cependant les premieres explications qu'elle y avoit reçues, avoient non-ſeulement détruit une ſi douce attente, mais l'avoient mortellement troublée par la propoſition d'un nouveau mariage qui rendoit l'idée du divorce encore plus terrible. Au refus qu'elle avoit fait d'y conſentir, on n'avoit répondu que par des ordres abſolus & par tout le poids de l'autorité paternelle. La violence avoit ſuccédé aux paroles. Quelle méthode pour gagner l'eſprit d'une femme, & pour arracher de ſon cœur une paſſion dont elle fait ſon idole !

Mais je me figurai que ſi je prenois moi-même une voie plus douce, en eſſayant de lui perſuader qu'elle réſiſtoit inutilement à la triſte néceſſité qu'on lui impoſoit, & ſi je lui faiſois connoître toutes les oppoſitions que j'avois trouvées dans le cœur de ſon mari au retour dont elle ſembloit encore ſe flatter, je lui ferois perdre enfin de funeſtes eſpérances, qui étoient le poiſon dont ſe compoſoient toutes ſes peines, je la conduirois peut-être à déſirer pour ſon propre repos que mon frere ſe hâtât de prendre les derniers engagements avec ſa rivale. Il falloit me déterminer pour une ſi grande entrepriſe à faire le voyage de Danemarck, car la voie des lettres eût été trop lente & trop incertaine. Que d'objections auxquelles je prévoyois qu'il faudroit répondre, & que je ne diſſiperois jamais entiérement par écrit ! Mais ce n'étoit pas la fatigue ou les dangers d'un voyage qui étoient capables d'arrêter mon zele. Je m'applaudis d'une penſée que je pris pour une inſpiration du Ciel même ; & je ne fis que me confirmer dans cette réſolution.

## LIVRE HUITIEME.

Loin de changer d'idée à mon réveil, je tournai tous mes foins aux préparatifs de mon départ. Il ne reftoit qu'une difficulté qui pût me caufer de l'incertitude. Je fouhaitois que mes freres fuffent informés de mon deffein ; mais je balançois fur la maniere de leur donner cet avis ; & n'ofant m'en fier à une lettre, je penfois à ne pas choifir d'autre interprete que moi-même. Cependant leurs menaces m'étoient préfentes. Ils étoient l'un & l'autre dans le premier feu de leur reffentiment, & je doutois qu'ils fuffent difpofés à m'entendre , ou qu'ils fuffent capables de ménager leurs expreffions. Je pris un tempérament, qui fut de leur marquer une partie de mon deffein par écrit, & de leur demander un entretien particulier où je puffe m'expliquer davantage. Comptant que l'ardeur de les fervir me tiendroit lieu auprès d'eux d'une efpece de juftification, je ne leur parlois ni de nos dernieres fcenes, ni de la dureté avec laquelle ils m'avoient traité dans leurs lettres. Jacin fut chargé de ma commiffion, & je lui recommandai d'y ajouter tout ce qu'il croiroit propre à ramener des efprits fi mal difpofés. Il revint en moins d'une heure, avec l'humiliante réponfe qu'on ne vouloit ni me voir ni recevoir de mes lettres. Ils s'étoient obftinés comme de concert à rompre avec moi toutes fortes de mefures ; & la feule différence étoit que Tenermill avoit répondu à Jacin de fa propre bouche, au lieu que Patrice, dont on ne déguifoit plus le féjour chez mademoifelle

de L...., s'étoit fervi de celle d'un domeftique.
Je plaignis leur emportement ; & loin de me
rebuter, j'en tirai un nouveau courage pour
entreprendre ce que je n'avois pas ofé rifquer
d'abord. La confirmation que je recevois de la
retraite de Patrice étoit une autre raifon qui devoit m'animer. Dans quelle vue & par quel
oubli des bienféances communes avoit-il choi-
fi la maifon de fa maîtreffe pour demeure ? Les
foupçons qui fe formerent dans mon efprit à me-
fure que mes réflexions s'étendirent fur cette
penfée, ne me permirent pas de retarder un moment mon départ. Je tremblois déjà de toucher
à quelqu'une de ces circonftances fatales où les
cris devoient enfin prendre la place des confeils
& des larmes.

Cependant je pris le parti de me rendre directement chez le Comte de S...., de qui j'efpérois
tirer, ou de la Comteffe, des éclairciffements
qui m'apporteroient quelque lumiere. Mon arrivée n'y put être fecrete, & mon deffein n'é-
toit pas qu'elle le fût. Cette précaution néanmoins étoit néceffaire, fi elle eût été poffible.
A peine fus-je entré dans l'appartement du Comte, que Tenermill apprenant que j'étois fi proche de lui, fit mettre les chevaux à fa chaife
& partit pour Saint Germain. On nous avertit
de fon départ, tandis que je demandois compte
à ma fœur & à fon mari de toutes les fureurs
auxquelles il s'étoit emporté. Je compris à cette nouvelle de qui il penfoit à s'éloigner, & ma
douleur s'exhala par quelques foupirs. Le Comte & fon époufe étoient vivement touchés de
ce défordre. Ils me raconterent quels avoient
été fes tranfports en apprenant la fuite de Fincer
& de fa fille, & ils ne me diffimulerent point
que n'attribuant qu'à moi la perte de fa fortu-

ne & de fon honneur, il étoit peut-être mon
ennemi fans retour.

Me condamnez-vous, leur dis-je d'un ton
changé par la douleur, & croyez-vous que les
loix du Ciel & de la terre m'aient permis de tenir une autre conduite? Ils me répondirent avec
embarras qu'il ne leur appartenoit point d'en
décider, & qu'ils n'avoient point d'ailleurs de
parti à prendre entre des perfonnes fi cheres.
Ainfi je conçus que fi je ne devois pas craindre qu'ils abandonnaffent mes intérêts, je ne devois pas compter non plus de les engager dans
aucune démarche qui pût déplaire à mes freres.
J'embraffai le Comte. Votre bonté, lui dis-je,
m'eft connue par cent preuves, & je loue l'égalité de ce partage. Mais ne voyez-vous pas que
votre amitié pour eux fe change en cruauté, fi
vous ne les empêchez pas de fe perdre? Comment avez-vous fouffert que Patrice ait abufé
de la foibleffe de mademoifelle de L.... jufqu'à la faire confentir à lui donner un logement dans fa maifon? N'eft ce pas un défordre honteux, fur lequel mon devoir ne me per-
met pas de me taire? Ils baifferent tous deux les
yeux. Mes foupçons devinrent plus preffants.
Expliquez-vous donc, repris-je, & ne me laif-
fez pas dans un doute qui trouble tout mon
fang. Vous nous demandez, me répondit froi-
dement le Comte, ce que nous ne devons pas
vous apprendre, ce que nous avons juré de ne
découvrir à perfonne, & ce que vous vous croi-
riez intéreffé vous-même à cacher, fi vous étiez
dans la même confidence. Mais voyant que
mon agitation ne faifoit qu'augmenter : ne
formez pas, ajouta-t-il, de foupçon qui blef-
fe l'honneur de mademoifelle de L....... &
voyez votre frere, qui eft le maître de vous
revéler fon fecret.                          Le

Le tumulte de mes idées ne me permit point
d'entendre ce qui étoit propre à me rassurer
dans son discours ; & perdant jusqu'au dessein
que j'avois eu de leur déclarer le projet de mon
voyage, je leur demandai la liberté de les quitter pour aller immédiatement chez Patrice. J'é-
tois résolu de pénétrer dans la maison de mademoiselle de L.... sans le faire avertir de ma
visite, sûr qu'aucun domestique n'oseroit s'opposer à mon passage. L'exemple de Tenermill
m'apprenoit à craindre qu'il ne profitât du moindre avis pour s'évader. Je le joindrai malgré lui,
disois-je en marchant seul dans le mouvement
qui m'animoit. Je le forcerai de parler. Qu'il
n'espere pas de me trouver aussi facile à tromper que je l'ai été aux Saisons. Je le dévoilerai
cet odieux mystere qu'on s'efforce de me déguiser avec tant de soin, & dût-il m'en coûter
la vie, j'arrêterai le cours d'un désordre que
j'ai connu trop tard pour le combattre dans sa
naissance. Je confesse ici que le zele le plus pur
est sujet à bien des illusions. J'avois besoin
quelquefois de ces exemples pour réduire le
mien à de plus justes bornes.

J'entre dans la maison où j'étois sûr de trouver Patrice. Loin de me trouver arrêté par quelqu'obstacle, je ne rencontre pas un domestique
qui ne me traite avec le respect qu'il croit devoir au frere de son maître, & je remarque seulement un embarras qui me paroît égal dans
leurs réponses, lorsque je les presse de me conduire à son appartement. Cependant ne pouvant
le trouver sans guide dans une assez grande maison dont j'ignorois les détours, je demande son
valet de chambre, ce même garçon dont il avoit
été si mal satisfait en Irlande, & que j'avois ré-
tabli dans ses bonnes graces depuis notre arri-

*IV. Partie.*                                    E

vée aux Saisons. Il se présente d'un air encore
plus consterné que les autres , & leur recom-
mandant le silence , il me propose à l'oreille
d'entrer avec lui dans une chambre écartée, où
il me promet des ouvertures qu'il ne peut avoir
que pour moi.

Je le suis avec empressement. Vous ne devez
pas vous offenser , me dit-il enfin , du refus
que tout le monde fait ici de vous introduire
chez mon maître. Il n'y veut recevoir personne , & la réponse qu'il vous fit faire hier a dû
vous faire comprendre que ces ordres vous re-
gardent particuliérement. Mais de quelque ressentiment qu'il soit animé contre vous , je connois , ajouta-t-il , le fond de la tendresse & du
respect qu'il vous porte , & je ne puis m'imaginer que sa colere y résiste long-temps. J'ai pénétré aussi que dans le soin qu'il prend de vous
écarter de la connoissance de ses affaires , il n'entre que la seule crainte de vous trouver mal
disposé à l'approuver, & je me persuade au contraire que vous ne condamneriez point tout-à-
fait sa conduite , si vous saviez avec quelles
mesures elle a toujours été réglée.

C'est , reprit-il , ce qui me fait passer plus
aisément sur le scrupule qui pourroit m'obliger
au silence avec tout autre que vous. Et me conjurant de bien user de sa confiance, il m'apprit
que son maître étoit marié depuis deux jours,
c'est-à-dire qu'il l'avoit été la nuit même du jour
qu'il étoit parti des Saisons. Je ne fus pas le
maître de retenir les marques de ma douleur à
cette étrange nouvelle. Et vous louez sa conduite , m'écriai-je , lorsqu'il se rend coupable
du plus honteux déréglement !

Vous nous condamnez sans nous entendre ,
interrompit cet honnête valet. C'est par les cir-

conftances que je le crois juftifié. Il reprit ainfi
fon récit. Après vous avoir quitté, me dit il,
mon maître, qui vouloit éviter la rencontre de
M. Fincer, obferva le moment de fon arrivée,
& reprenant le chemin de Paris auffi-tôt qu'il
le vit engagé avec vous, il amena ici mademoifelle de L...., avec laquelle il demeura peu,
par la difficulté qu'elle fit elle - même d'être
trop long-temps avec lui fans témoin. Il for-
tit dans l'efpérance de rejoindre Mylord Tenermill, dont il lui importoit d'apprendre les
réfolutions. Il ne le revit que vers le foir chez
M. le Comte de S....., lorfqu'on y attendoit
des nouvelles de M. Fincer, qui avoit fait re-
demander fes malles, & à qui l'on n'avoit pu
fe défendre de les renvoyer. L'avis qu'on reçut de fon départ & de celui de fa fille produifit fur les deux freres des impreffions fort
différentes. Tandis que Mylord Tenermill y
crut trouver une raifon de fe livrer au défefpoir, mon maître, fans prendre moins de part
à l'affliction de fon frere, fe perfuada que cette fuite étoit pour lui une faveur du Ciel; &
s'attachant à l'idée qu'elle lui fit naître, il tira
fur le champ des mains de Mylord les pieces qui avoient été dreffées pour fon divorce.
Jacin revint ici avec ce fecours, fur lequel il
établiffoit toutes fes vues. Ce fut dans ce moment qu'il lui vint une lettre de votre part.
Il avoit donné ordre en arrivant que la porte fût fermée pour tout le monde; & craignant de votre part quelque nouvel obftacle
au deffein qu'il méditoit, il donna une exclu-
fion particuliere à tous vos gens. Cependant
l'obftination de Jacin, qui ne fe rebuta point
de tous nos refus, lui fit prendre le parti de
vous répondre. Je fus témoin de l'irréfolu-

E 2

tion avec laquelle il recommença plusieurs
fois sa lettre, comme s'il eût été fort important pour lui de bien régler son style ; & sur
quelques paroles qui lui échapperent, je ne doute point qu'il ne vous ait écrit de la maniere
la plus propre à vous ôter l'envie de traverser
son entreprise. J'ignorai jusqu'à la nuit à quoi
devoient aboutir tous les mouvements dont je
le voyois agité. Ses entretiens avec mademoiselle de L... furent extrêmement animés ;
& je commençois à m'étonner qu'après avoir
fait difficulté de le souffrir trop long-temps
seul, elle se fût délivrée si-tôt de ce scrupule.
Enfin l'ayant déterminée apparemment à suivre
ses résolutions, il partit avec elle pour Saint
Germain, sans autre suite que moi. Nous des-
cendîmes au château, où mes services lui devenant plus nécessaires, il me déclara qu'il alloit unir son sort à celui de mademoiselle de
L..., & qu'il avoit besoin pour cela d'un Evêque Anglois, dont il m'ordonna de chercher
l'appartement. L'ayant trouvé sans peine, il se
fit connoître à ce Prélat par son nom & par
le sujet de sa visite. Les pieces qu'il produi-
sit confirmerent son discours ; il ne s'agissoit
que d'exécuter une chose qui avoit été conclue au même lieu, & dont l'exécution souf-
froit moins de difficulté dans la chapelle du
Roi qu'à Paris. Aussi l'Evêque fit-il peu d'objections. On appella quelques témoins, & vers
minuit mon maître reçut la bénédiction nuptiale avec des mouvements de joie qu'il eut
peine à contenir.

Quelques heures s'étant passées à dresser
l'acte du mariage, & dans quelques autres
formalités, nous ne pûmes être de retour à
Paris avant le jour. En remontant avec mon

maître dans l'appartement de mademoiselle
de L...., j'avoue que je ne pus penser sans fré-
mir qu'il alloit entrer sans doute en possession des droits qu'elle venoit de lui donner sur
elle, tandis que j'avois devant les yeux la vive image de ce qui s'étoit passé la veille aux
Saisons, & qu'ayant suivi avec trop de curiosité peut-être toutes les démarches de Myladi, je me rappellois l'opposition constante
qu'elle avoit faite à sa séparation. J'eus besoin
de toute la force du respect pour étouffer mes
tristes réflexions. Mais lorsque je m'attendois
à recevoir de mon maître l'ordre de le désha-
biller, je reçus de mademoiselle de L.... celui d'appeller tous ses domestiques. Elle fit demeurer pendant ce temps-là ses femmes auprès
d'elle, comme si elle eût appréhendé qu'on ne
pût lui reprocher d'avoir été seule avec son
mari; & lorsque j'eus rassemblé tous ses gens,
elle leur déclara, sans leur parler de son mariage, que devant être quelque temps absente,
elle laissoit à mon maître le soin de sa maison, avec toute l'autorité qu'elle avoit sur eux.
Elle ne s'arrêta que pour faire un léger dé-
jeûner. Le même carrosse qui nous avoit con-
duits à Saint Germain, avoit eu ordre d'attendre à la porte. Elle y remonta avec mon
maître, accompagnée d'une femme qui a été
la gouvernante de son enfance, & je fus encore le seul domestique qui reçut ordre de les
suivre. Elle se fit mener dans le nouveau couvent des Filles Angloises, où, sur une lettre
de recommandation qu'elle avoit obtenue de
l'Evêque qui a célébré son mariage, elle fut
reçue de la Supérieure avec beaucoup de po-
litesse & de distinction. Mon maître la traita
plusieurs fois de sa femme en parlant d'elle à

E 3

la Supérieure ; & ne fe contraignant plus devant perfonne, il lui donna en la quittant mille baifers paffionnés. A fon retour, il me prit ici en particulier. Il me fit beaucoup valoir le renouvellement de fa confiance ; & m'impofant le fecret fur tout ce que j'avois vu, il ne me diffimula point que la retraite de mademoifelle de L..., dans le couvent où nous l'avons conduite, venoit des fcrupules qu'elle oppofoit encore à fon bonheur. Elle ne s'étoit rendue à fes défirs qu'à cette condition, dans l'efpérance qu'il avoit réuffi à lui donner, que Fincer n'apprendroit point leur mariage fans difpofer promptement de fa fille. Mademoifelle de L... étoit réfolue d'attendre ce dénouement pour vivre avec lui & pour prendre ouvertement la qualité de fon époufe. Toute la difficulté confifte donc aujourd'hui, ajouta le confident de Patrice, à faire avertir M. Fincer que mon maître eft enfin lié à mademoifelle de L.... par les cérémonies de l'Eglife. C'eft à trouver une voie certaine que nous fommes uniquement occupés, & dans cet intervalle il eft réfolu de vous fuir, de peur apparemment que vous n'approfondiffiez une conduite qu'il ne veut point expofer à vos reproches, & qu'il n'a confiée qu'à Mylord Tenermill, à M. le Comte & à madame la Comteffe de S...

J'avois eu le temps pendant ce récit de me remettre de toutes les agitations que l'exorde m'avoit caufées. La retraite modefte de mademoifelle de L... réparoit un peu la témérité de fon mariage ; & de quelque œil que je puffe regarder une démarche fi indifcrette, les mefures dont elle avoit été accompagnée me la firent trouver effectivement beaucoup moins crimi-

nelle. Cependant il ne me paroiſſoit pas moins
vrai qu'un engagement de cette nature ne pouvoit paſſer que pour un coupable abus des cérémonies eccléſiaſtiques , de la part du moins
de mon frere & de mademoiſelle de L..., qui
n'avoient pu ſe déguiſer l'obſtacle qui auroit
dû les arrêter. Je juſtifiois l'Evêque Anglois
& le Roi même , par les ſoins que Tenermill
avoit pris de leur cacher les réſiſtances de la
fille de Fincer. Ils avoient porté leur déciſion
ſur le témoignage de ſon pere , ſur celui de
mes freres , & ſur le conſentemem même qu'on
lui avoit fait ſigner malgré elle. C'étoit une
excuſe que la charité me portoit à leur prêter.
Mais tous mes raiſonnemens me conduiſant à
croire de plus en plus que mademoiſelle de
L.... & mon frere ne pouvoient être juſtifiés
par nulle excuſe , je demeurai convaincu que ,
dans la ſuppoſition même du conſentement fu-
tur de Fincer & de ſa fille , une union ſi peu
légitime demanderoit d'être renouvellée pour
mériter le nom de mariage.

Ces réflexions , que je ne communiquai
point au valet de Patrice , ne m'empêcherent
point de prendre occaſion de ſon récit pour
me confirmer dans le deſſein du voyage de
Danemarck. Je conſidérois qu'à moins d'une
obſtination qui tiendroit de la fureur , Sara
Fincer , à qui je n'oſe plus donner le nom de
ma belle-ſœur , perdroit comme néceſſairement ce qui lui reſtoit d'eſpérance en apprenant
le mariage de ſon mari. Ce n'étoit plus après
une démarche de cette nature qu'elle pouvoit
ſe flatter de le ramener à elle. D'ailleurs,
qu'auroit-elle jamais à oppoſer aux pieces ſur
leſquelles il s'étoit fondé ? Son conſentement
n'étoit-il pas dans la meilleure forme ? Et mon

témoignage, qui étoit le feul dont elle pût efpérer quelque fecours, fuffiroit-il pour faire foi de fes oppofitions ? Ainfi fes proteftations & fes plaintes ne pouvant paffer déformais que pour les regrets d'une femme inconftante, qui paroîtroit fe repentir de ce qu'on fe perfuaderoit qu'elle avoit figné volontairement, il ne lui reftoit plus d'autre reffource que la patience & l'oubli. Je crus pouvoir compter qu'à force d'inftances & de foins je lui ferois goûter de fi puiffantes raifons d'abandonner un ingrat ; & je me fortifiai ainfi, pour fervir mon coupable frere, de ce que je trouvois de plus condamnable & de plus odieux dans fa conduite.

Cependant l'empreffement que j'avois eu de le voir étant auffi refroidi par mon indignation que par la tranquillité où j'étois du côté de mademoifelle de L...., je déclarai au valet-de-chambre que je ne l'expoferois point à déplaire à fon maître en ouvrant fa porte malgré lui. Ce que j'ai entendu, lui dis-je, va fuffire pour régler mes réfolutions. Ne lui apprenez point que vous m'ayez vu, ou du moins ne lui faites pas connoître que j'aie le moindre foupçon de fon mariage. Il feroit trop affligeant pour moi qu'il pût regarder le fervice que je penfe à lui rendre comme une marque que j'approuve fa conduite. Mais dites-lui, fi vous le croyez néceffaire à fon repos, que le fachant obftiné à violer fon devoir, j'ai pris volontairement le parti de me rendre en Danemarck, dans la feule vue de diminuer le fujet de fes remords, en portant, s'il m'eft poffible, fa malheureufe époufe à lui accorder le confentement qu'il demande. Exhortez-le à la modération jufqu'à mon re-

tour ; & s'il croit devoir quelque reconnoiffance à mon zele, qu'il fe charge en mon abfence de ramener auffi fon frere Tenermill à des fentiments plus modérés. On remarque fans doute avec quelle facilité ma tendreffe pour ces
deux ingrats prenoit l'afcendant fur tous les
murmures de mon cœur, & combien les facrifices me coûtoient peu en faveur de la paix
& de l'amitié.

Mon voyage devenant auffi-tôt ma feule
occupation, je ne paffai chez le Comte de S...
que pour lui communiquer une réfolution à
laquelle je prévoyois que fon amitié lui feroit
trouver bien des difficultés. Il loua mes intentions ; mais s'étant fait une idée fort jufte
du caractere & des difpofitions de Fincer, il
me repréfenta vivement tout ce que j'avois à
craindre de fa haine. Je fais, me dit-il, par
le récit de mes gens, avec quelle dûreté il eft
capable de traiter jufqu'à fa fille. Irrité du regret qu'elle marquoit de quitter la France, &
s'offençant des plus tendres plaintes, il l'a me-
nacée de la tuer de fa propre main, fi elle re-
fufoit de le fuivre, & c'eft par d'horribles im-
précations qu'il l'a forcée de retenir fes larmes en la faifant monter dans fa chaife. Jugez
à quoi vous devez vous attendre, continua le
Comte : votre commiffion n'eft propre qu'à
échauffer fon reffentiment, & je regarde les
injures comme le moindre effet que vous devez craindre de fa vengeance. La Comteffe
s'efforça d'augmenter mes alarmes par mille
autres prédictions funeftes ; & faifant même
valoir fa compaffion pour Sara : quelle néceffité, me dit-elle, d'aller renouveller fes peines en lui remettant fon malheur devant les
yeux ? Une femme infortunée, qui eft partie

peut-être avec la mort dans le cœur, doit-elle être pourſuivie juſqu'au tombeau? Je l'interrompis : mes diſcours & mes ſoins, lui répondis-je, n'auront rien qui puiſſe l'offenſer. Vous parlez de la pourſuivre, & c'eſt au contraire du ſecours & de la conſolation que je penſe à lui porter. D'ailleurs, c'eſt perdre de vue, ajoutai-je, le principal motif de mon voyage, & je ne ſuis point ſatisfait de vous voir oublier que cette démarche eſt néceſſaire pour réparer une témérité dont votre frere n'a point de ſuites heureuſes à eſpérer.

Je leur fis connoître ainſi qu'il y avoit peu d'objections aſſez fortes pour me refroidir, lorſque je me croyois appellé par le devoir. Ce que je tirai de plus utile des conſeils du Comte, fut un détail d'inſtructions ſur la route que j'allois entreprendre, & qu'il connoiſſoit pour l'avoir faite pluſieurs fois pendant la guerre. Elles ſervirent à m'épargner des fatigues inutiles, en me faiſant rencontrer ce qui ſeroit peut-être échappé à toutes mes recherches, ſi j'euſſe pris la route ordinaire. Cependant n'ayant aucune raiſon de prévoir de nouveaux incidens qui fuſſent contraires à mon attente, j'employai quelques jours aux préparatifs de mon voyage, avec plus de ſoin que je n'aurois fait ſi j'en euſſe connu la durée. Ils ne furent interrompus que par les efforts que je tentai pour me réconcilier avec Tenermill. Je lui écrivis pluſieurs fois à Saint Germain ; & comptant qu'il ſeroit touché du moins des nouvelles eſpérances qu'il pouvoit concevoir pour ſon amour, je lui découvris dans ma derniere lettre, que c'étoit ſon intérêt autant que celui de ſon frere qui me conduiſoit en Danemarck. Mais il y parut auſſi

infensible qu'aux témoignages de ma tendreffe ,
& je ne pus obtenir de lui un mot de réponfe.

Mon voyage n'en fut pas entrepris avec moins
d'ardeur & de réfolution. Jacin compofoit toute ma fuite. Au lieu de reprendre par la Hol-
lande , qui auroit peut-être été la voie la plus
courte , je me propofai , fuivant la direction
du Comte , de gagner Cologne , d'où il m'avoit
tracé par diverfes villes une route où je ne
devois jamais manquer de commodités ni de
voitures. Il avoit compté de me faire regagner
par la facilité & les agréments du chemin ce
qu'il y auroit eu de plus ennuyeux par la lon-
gueur. Fincer qui avoit eu fans doute les mêmes lumieres en faifant le voyage de France ,
étoit retourné à Copenhague par la même voie.
Je l'ignorois , & l'avance qu'il avoit fur moi
ne m'ayant pas permis de penfer à le joindre ,
je marchois fans autre empreffement que celui
d'être bientôt à la fin de mon entreprife. Nous
approchions déjà de la frontiere , lorfqu'en chan-
geant de chevaux à la pofte , Jacin vint m'a-
vertir avec un air d'effroi , qu'il avoit apperçu
Fincer dans une cour voifine , & qu'ayant pris
d'autres informations , il avoit appris qu'après y
avoir paffé quelques jours auparavant pour gagner la Flandre , il revenoit fur fes pas avec fa
fille , dans le deffein apparemment de retourner
à Paris. Cette nouvelle me caufa moins d'é-
motion en elle-même , que par les réflexions
qu'elle me fit naître auffi-tôt fur la caufe d'un
retour fi précipité. J'en fis beaucoup d'inutiles , ou qui n'aboutirent du moins qu'à me
faire defcendre de ma chaife pour régler mes
démarches fur les circonftances ; après quelques
moments de délibérations , je me fentis porté à
me rendre directement dans la chambre où je

vis remonter Fincer, & à lui confesser sans précautions que je m'étois mis en chemin pour le
suivre. Mais le souvenir des avis du Comte &
des emportements qu'il m'avoit fait craindre,
eut la force de m'arrêter. Je pris le parti de
me dérober au contraire à la vue d'un homme
irrité, dont je ne voyois aucun moyen de me
défendre, si l'envie lui prenoit de m'insulter,
& renonçant désormais au Danemarck, je me
déterminai à retourner à Paris sur ses pas avec
la résolution de l'observer.

Il ne me mit pas long-temps dans la nécessité
de me tenir caché. L'impatience qu'il avoit
d'avancer, paroissant marquée dans tous ses
mouvements, il rentra dans sa voiture avec sa
fille, & je lui entendis recommander plusieurs
fois la diligence à son postillon. A peine fut-il
parti que je tournai avec le même empressement vers Paris. Mon dessein étoit de lui suc-
céder ainsi à chaque poste, jusqu'au lieu où
il se feroit conduire. Sans pénétrer le sien, j'é-
tois persuadé en général que c'étoit quelque
nouvelle réflexion sur l'aventure de sa fille
qui le rappelloit vers nous, & je ne pouvois me
flatter qu'elle fût en notre faveur. Mais c'étoit
un avantage de l'avoir rencontré, & j'en remerciai le Ciel comme d'un bienfait sensible qui
me garantissoit sa protection.

En arrivant à Paris, Fincer & sa fille de-
meurerent quelque temps à la poste, & ce fut
un autre bonheur que m'étant attaché à les suivre de plus près à mesure que nous approchions
du terme, j'évitai neanmoins leur vue en des-
cendant un instant après eux dans la même
cour. Jacin, à qui j'avois déjà donné mes ordres, servit adroitement à me dérober. Je lui
fis tenir à quelques pas de la porte un carrosse,

prêt à me recevoir. Je ne me hâtai point de fortir ; mais prenant foin de me tenir à l'écart ,
j'obfervai attentivement tout ce qui fe paffoit
autour de moi. Fincer dépêcha un de fes gens ,
qui tarda quelque temps à reparoître. Dans cet
intervalle il s'agita beaucoup , & fa fille au contraire retirée dans le coin d'un bureau , où elle
étoit affife avec fes femmes , paroiffoit remplie de quelque penfée qui l'occupoit entiérement. Sa pâleur & fon abattement exciterent
ma compaffion. Enfin le meffager de Fincer
étant revenu , je les vis partir tous enfemble
dans leur voiture , dont on n'avoit changé que
les chevaux , & ma curiofité devenant encore
plus preffante , je les fuivis auffi-tôt dans le
carroffe qui m'attendoit.

Il me feroit difficile d'exprimer quelle fut
ma crainte lorfqu'après avoir marché affez
long-temps à leur fuite, je m'apperçus que c'é-
toit la rue de mademoifelle de L.... qu'ils paroiffoient chercher. Ils y entrerent effectivement , & je fentis redoubler mes alarmes en les
voyant arrêtés à peu de diftance de fa porte. Il
ne me refta pas le moindre doute qu'ils n'y
fuffent venus pour lui faire outrage ; & quoique je n'ignoraffe point qu'elle étoit hors de
leurs atteintes, c'étoit affez de favoir que Patrice occupoit fa maifon , pour me faire appréhender quelque fcene funefte. Fincer étoit néanmoins d'un âge qui ne le rendoit pas propre à la
violence. Mais la fureur n'eft-elle pas capable
de fuppléer aux forces, ou du moins laiffe-t-elle
affez de liberté d'efprit pour fentir fa foibleffe ?
Je demeurai tremblant jufqu'au moment où les
ayant vus defcendre, je fus affuré par le témoignage de mes yeux qu'ils entroient dans une
autre maifon, prefque vis-à-vis de celle où j'ap-

préhendois qu'ils ne voulussent pénétrer. L'ordre que le cocher reçut de se retirer, & la tranquillité que je vis régner aux environs, suffisoient bien pour me rassurer contre une partie de mes craintes ; mais je n'osai croire que ce fût le seul hazard qui leur eût fait prendre un logement si proche de mademoiselle de L... & de Patrice.

Mon inquiétude m'auroit peut-être attaché pour long temps à leur porte, si la confiance que j'avois à Jacin ne m'eût fait croire que je pouvois me reposer sur lui du soin de les observer. Je me retirai en lui laissant mes ordres ; & m'étant rendu aussi-tôt chez M. le Comte de S..., ma première attention fut de faire avertir Patrice par un des gens de ma sœur, qu'il avoit à deux pas de sa demeure Fincer & sa fille. Une si étrange nouvelle alarma autant que moi le Comte & la Comtesse. Vous verrez, me dirent-ils, que les larmes de Sara l'auront emporté sur le ressentiment de son pere, & que ne pouvant perdre l'espérance, elle l'aura conjuré de la ramener à Paris pour essayer encore une fois d'attendrir son infidele. Mais en s'attachant à cette conjecture, la fureur de Fincer ne leur paroissoit que plus à craindre lorsqu'il viendroit à découvrir le mariage de mon frere, & qu'il se reprocheroit de n'être revenu à Paris que pour être témoin avec elle d'un spectacle dont elle essuieroit toute la honte. Nous nous livrâmes ainsi à mille raisonnemens incertains jusqu'au retour de mon valet, qui nous apporta des éclaircissemens beaucoup plus fâcheux que tous nos soupçons.

Il n'avoit pas attendu long-temps l'occasion qu'il cherchoit d'entretenir quelques domestiques de Fincer : loin de cacher leur marche,

ils avoient ordre de publier dans le voisinage
le nom de leur maîtresse, c'est-à-dire celui
de mon frere, qu'elle continuoit de porter avec
le titre de Myladi. En un mot, Fincer, à son
départ de Paris, y avoit laissé un de ses gens
pour suivre Patrice dans toutes ses démarches,
& cet espion avoit exécuté si fidelement ses
ordres, qu'ayant été informé, ou peut-être témoin lui-même du mariage de mon frere, il
avoit pris la poste aussi-tôt pour rejoindre son
maître. Fincer, désespéré d'une résolution qu'il
avoit regardée comme un outrage sanglant pour
sa fille, n'avoit pris conseil que de sa premiere
fureur. Il étoit retourné sur ses pas, & sans
s'arrêter encore à aucun parti entre divers projets de vengeance, il avoit résolu d'abord de
se venir loger vis-à-vis de Patrice. Son espérance étoit de faire retomber sur lui l'opprobre
dont il couvroit sa fille, en apprenant au public
qu'il avoit deux femmes, & qu'il avoit par
conséquent trompé l'une & l'autre. Le domestique qui avoit fait ce récit à Jacin, ajoutoit que son maître ne borneroit pas là sa vengeance ; mais il n'étoit pas mieux informé du
détail de ses projets.

Au milieu du chagrin dont nous ne pûmes
nous défendre, ce fut d'abord une consolation
de penser que la malignité de Fincer seroit trompée du moins dans sa premiere attente. Le mariage de mon frere n'étant pas connu du public, & son nom même ne l'étant point assez
pour faire une certaine impression dans une
ville telle que Paris, il n'étoit pas fort à craindre qu'une accusation de cette nature pût lui
causer tout le mal qu'on vouloit lui faire. Et
quand elle auroit été capable de l'embarrasser,
ce n'étoit point dans l'absence de mademoiselle

de L...., avec laquelle perſonne ne pourroit s'imaginer qu'il eût le moindre commerce. Si l'on prétendoit révéler la célébration du mariage à Saint Germain, on le mettoit dans la néceſſité d'employer les armes qu'on lui avoit fournies pour ſe défendre. Le conſentement de Sara, auquel il n'y avoit rien à reprocher pour la forme, celui de Fincer même, qui avoit été revêtu de toutes les conditions qui pouvoient lui donner de l'autorité; l'ordre du Roi, accordé ſur ces deux pieces; la permiſſion des Evêques; enfin tout ce qui pouvoit ſervir en apparence à juſtifier ſa conduite.

A la vérité mon cœur ne ſe prêtoit point à cette réflexion; & ſi je prévoyois que Patrice feroit réduit tôt ou tard à cette maniere de ſe défendre, je ſentois déjà quel feroit mon tourment lorſque je me trouverois peut-être forcé de prendre parti contre lui pour la juſtice & la vérité. Mais en pouvoit-on reprocher moins d'imprudence à Fincer, qui n'ignoroit pas qu'on étoit en état de lui faire tête, & qui expoſoit par conſéquent ſa fille à plus de chagrins qu'il ne pouvoit nous en cauſer?

Nous apprîmes le jour ſuivant qu'il avoit groſſi ſon train de pluſieurs laquais, auxquels il faiſoit porter la livrée de notre maiſon, & qu'il affectoit de les faire paroître à ſa porte, pour exciter apparemment la curioſité de ſes voiſins. Il prit un carroſſe de remiſe, ſur lequel il fit peindre nos armes. Sa paſſion lui perſuadant que tout le monde avoit les yeux ouverts ſur ſa conduite, il alla juſqu'à faire demander ſouvent à la porte de Patrice des nouvelles de ſa ſanté ſous le nom de ſa femme. La ſimplicité avec laquelle on répondoit à cette politeſſe auroit dû lui faire comprendre une partie de fon erreur. Le portier de mademoiſelle de L..., qui ignoroit le mariage de ſa maîtreſſe, aſſuroit que Patrice étoit bien ou mal, ſans pénétrer plus loin dans les commiſ- ſions qu'il recevoit. Il ſavoit, comme tous les autres domeſtiques de la maiſon, que mon frere étoit marié en Irlande, & qu'il ne vivoit pas bien avec ſa femme ; de ſorte que l'intérêt qu'elle paroiſſoit prendre encore à ſa ſanté, pouvoit paſſer pour un reſte d'attention qui ne ſignifioit rien, & qui n'étoit qu'un ſimple uſa- ge de la ſociété. Une autre réflexion qui auroit pu donner quelque défiance de ſon entrepriſe à Fincer, c'eſt que ne voyant jamais paroître mademoiſelle de L...., il devoit douter du moins ſi elle n'étoit point abſente, & décou- vrir enſuite aiſément que n'ayant point occupé ſa maiſon depuis ſon mariage, il y avoit dans cette aventure quelque myſtere qui n'étoit pas plus connu du public que de lui, & qui pouvoit rendre toutes ſes meſures inutiles. Mais loin de tourner ſes ſoupçons de ce côté-là, il prit plaiſir au contraire à ſe figurer que c'étoit la honte & la crainte qui retenoient mademoiſelle de L....... dans ſes murs depuis qu'elle le ſavoit ſi proche d'elle ; & cette captivité, à laquelle il croyoit la forcer, lui parut un com- mencement de triomphe pour ſa fille. Il n'ou- blia pas de faire donner avis de ſon retour au Comte de S....; & n'y ayant joint aucune mar- que d'eſtime & de politeſſe, cette démarche nous parut moins un compliment d'amitié, qu'une déclaration de guerre qui s'étendoit à toute notre famille.

Cependant Patrice, que ma ſœur avoit in- formé de cet incident dès le premier jour, & qui l'avoit été depuis par mille autres voies,

ne s'étoit pas cru affez fupérieur aux craintes
qu'on vouloit lui infpirer pour demeurer tranquille fi près du péril. Comme il s'étoit fait
une loi de fortir peu, & de paffer dans fon
cabinet tout le temps qu'il n'employoit point
à voir mademoifelle de L...., les affectations
de Fincer ne furent point une raifon capable
de le tenir plus refferré ; mais il fe fit accompagner avec plus de précautions ; & ne s'ima-
ginant point à quoi cette fcene pouvoit aboutir, il tint confeil avec mademoifelle de L....
fur un embarras fi preffant. L'amour eut plus
de part à leurs délibérations que la frayeur.
Mademoifelle de L..., qui s'étoit déjà engagée
fi avant, avoit encore befoin d'un prétexte pour
forcer les dernieres bornes où l'honneur l'a-
voit arrêtée. Peut-être s'applaudit-elle au fond
de l'occafion qu'elle trouvoit de furmonter
fes fcrupules. Enfin touchée des alarmes de
Patrice, ou plutôt vaincue fans doute par fes
propres défirs, elle forma avec lui un nouveau projet, qui devoit les affranchir pour jamais de toute forte de contrainte, & leur affurer le repos qu'ils déféfpéroient de trouver
parmi tant d'obftacles : ce fut de quitter la
France, pour fe retirer fecretement dans une
des villes d'Allemagne que mademoifelle de
L...... connoiffoit. Elle en favoit la langue.
Elle étoit Proteftante. Son bien, dont la meilleure partie étoit placée dans les compagnies
de commerce, étoit indépendant de fa demeure, & pouvoit recevoir des changements
encore plus favorables. Ces motifs fortifiés par
l'impétuofité d'une longue paffion, la déter-
minerent à donner fa parole à Patrice, & à
le preffer même de lever promptement toutes les
difficultés qui pouvoient retarder leur départ.

Il fe garda bien de nous communiquer une
fi téméraire réfolution. Cependant la bienféance, qui l'obligeoit de voir quelquefois le
Comte & la Comteffe, ne lui permit pas de
fe taire avec eux fur le retour de Fincer & de
fa fille. Il leur en parla comme d'un contre-
temps moins dangereux par le tort qu'il pouvoit lui faire, que fâcheux par les défagréments
qu'il pourroit lui caufer; & s'expliquant là-
deffus avec plus d'indifférence qu'il ne devoit
même en avoir dans cette fuppofition, il pria
le Comte & fa fœur d'en prendre auffi peu
d'inquiétude que lui. Je démêlai facilement
qu'il n'étoit pas fincere; car n'ayant pû éviter
ma rencontre, il avoit confenti à me voir, &
fans en venir à des explications qu'il rejettoit
dès le premier mot, il paroiffoit me fouffrir
fans peine dans les entretiens qu'il avoit avec
fa fœur. Je lui fis obferver que Fincer ne fe
borneroit point à une fimple comédie, & que
s'irritant au contraire de ne pas trouver plus
de réfiftance, il croiroit avoir à fe venger tout
à la fois de l'outrage & du mépris. Qui fait,
lui dis-je, fi, dans le temps qu'il ne s'arrête en
apparence qu'à de puériles affectations, il ne
fait agir quelques refforts plus puiffants pour
vous chagriner? J'ajoutai tout ce que la prudence devoit lui confeiller dans une affaire où
il reftoit trop d'obfcurité pour en efpérer un
fuccès fi facile; & fi je le ménageai affez pour
ne pas l'aigrir par mes reproches, je lui fis entendre que je ne trouvois ni autant d'innocence ni autant de fûreté que lui dans fon engagement. Mais il me répondit d'un ton qui
marquoit fa confiance dans d'autres reffour-
ces, & moins de difpofition que jamais à fe
conduire par mes confeils.

Ce n'étoit pas sans fondement que je tâchois de le mettre en garde contre les atteintes de Fincer. Je n'étois pas demeuré dans l'inaction depuis mon retour, & j'avois pénétré plus loin que Fincer même ne s'en défioit. Dès le lendemain de notre arrivée, ayant attaché Jacin sur ses traces, j'avois su que s'il paroissoit occupé à l'extérieur d'une vengeance foible & puérile, il méditoit d'autres entreprises, auxquelles sa comédie même étoit si utile, qu'elle en devoit être regardée d'un œil plus sérieux. Ayant découvert que dans l'espace de peu de jours on l'avoit vu plusieurs fois chez le plus célebre Avocat de Paris, j'y étois allé après lui ; & feignant d'ignorer qu'il m'eût précédé, j'avois proposé le même cas, avec la seule différence que celle de nos motifs avoit pu mettre dans l'exposition des faits. L'Avocat, dont la probité égaloit les lumieres, m'avoit confessé d'abord qu'étant engagé à mon adversaire, il n'avoit point de réponse à me donner qui ne pût m'être suspecte. Cependant, m'avoit-il dit, si je voulois prendre un peu de confiance en son honneur, je devois croire la cause de mon frere fort mauvaise, & me défier beaucoup du succès. Fincer lui avoit confessé que le consentement de sa fille étoit entre nos mains ; mais il s'accusoit de l'avoir arraché d'elle par les dernieres violences, & il ne craignoit pas d'en appeller à notre propre témoignage. Or, nous flatter qu'en France l'autorité du Roi d'Angleterre & de quelques Evêques de la même nation pût couvrir un attentat de cette nature, ou supposer même que le consentement le plus volontaire eût suffi de la part de Sara pour justifier une séparation dont on ne pouvoit apporter de cause sérieuse & légitime, c'étoit nous faire une dangereuse illusion. Après avoir confirmé son avis par quantité de raisonnements & d'exemples, il y avoit joint un conseil qui avoit fait plus d'impression sur moi. Fincer, m'avoit-il dit, lui paroissoit un homme à redouter. La fureur animoit tous ses sentiments ; & s'il s'étoit déterminé à s'arrêter aux voies ordinaires de la Justice, c'étoit après s'être comme assuré qu'elles tourneroient favorablement pour lui. Ainsi dans l'un & dans l'autre cas nous n'avions rien d'heureux ni d'agréable à nous promettre. Ce discours, dont le ton étoit encore plus expressif que les termes, m'avoit laissé des alarmes que je gémissois de ne pouvoir expliquer plus ouvertement à Patrice.

Il n'est pas besoin que je fasse observer à tous moments ce qui me rendoit si timide avec lui. Je le dis avec la confiance que je tire du témoignage de mon cœur, nulle crainte ne m'auroit fait balancer à prendre avec éclat le parti de la justice & de l'innocence, si j'eusse pu me flatter du moindre espoir de réussir par la hauteur & la fermeté. Mais une triste expérience m'avoit si bien appris que je ne devois rien attendre de cette voie pour toucher un cœur endurci contre toutes sortes d'efforts & de lumieres, que je m'étois réduit par ce motif à tenter les moyens pour lesquels j'avois le plus d'éloignement. L'espérance d'obtenir le consentement de Sara pour le divorce avoit commencé à m'ébranler lorsque j'avois vu son pere d'intelligence avec Tenermill ; & malgré ce que je venois d'entendre de l'Avocat Français, j'étois encore persuadé par des exemples opposés à ceux qu'il m'avoit allé-

gués, que dans un cas tel que le nôtre, l'u-
nion de l'autorité civile & ecclésiastique pouvoit lever bien des difficultés. N'avois-je pas
fu d'ailleurs que d'autres Avocats Français
avoient penfé différemment lorfqu'ils avoient
été confultés par mes freres? Et le pis aller,
fi l'on fe rendoit trop facile en France,
n'étoit-il pas de la quitter, pour nous retirer
dans quelque pays où la décifion du Roi &
de nos Evêques fût plus refpectée? Mais cette décifion même fuppofoit le confentement
volontaire de Sara. Auffi étoit-ce dans cette
penfée que j'avois formé le deffein de me rendre en Danenarck, pour la tenter par des
follicitations & des confeils dont j'efpérois
plus d'effet que des violences de fon pere. De
quelque maniere que l'affaire pût tourner, la
même raifon me fit croire encore que je devois faire l'effai de cette voie; & je cherchois
à m'en procurer l'occafion, lorfque j'eus avec
Patrice la converfation que j'ai rapportée.

Jacin avoit là-deffus mes ordres, & je ne
doutai pas que ce qu'il n'avoit pas encore exécuté n'eût été impoffible à fon zele. Il avoit
fondé tous les domeftiques de Fincer. Leur
réponfe avoit été la même : Sara étoit fi ma-
lade qu'on n'accordoit l'entrée de fa chambre à perfonne. Elle n'avoit pas quitté fon lit
depuis que fon pere avoit pris un logement
dans la rue de Patrice, & les Médecins l'ac-
cabloient de remedes. Peut-être aurois-je dû
deviner fes difpofitions. Elle défiroit avec autant d'ardeur que moi ce que je cherchois avec
tant d'empreffement; mais retenue par les ordres de fon pere, à qui elle avoit marqué quelque envie de me voir, & qui s'y étoit oppofé
avec fes menaces ordinaires; elle n'ofoit rif-

quer de me faire introduire dans son appartement. L'adresse de Jacin surmonta néanmoins
tous les obstacles. Il observa le moment où
Fincer étoit sorti ; & feignant de l'avoir rencontré dans quelque lieu où il l'avoit chargé
d'une commission auprès de sa fille, il obtint
la liberté de la voir. Son compliment fut court.
La trouvant disposée à recevoir avidement ce
qu'il venoit lui offrir, il convint avec elle que
je profiterois comme lui de la premiere absence de son pere, & qu'à toutes sortes de risques
j'aurois du moins la certitude de l'entretenir
quelques moments.

Ce stratagême me réussit dès le lendemain.
Je fus touché jusqu'au fond du cœur de l'a-
battement que j'apperçus sur son visage. Elle
me tendit la main : approchez, me dit-elle ;
venez m'apprendre s'il vous reste quelque pitié
de mes peines. Vous ne m'avez jamais mal-
traitée ; mais je comptois de vous trouver plus
de zele pour mes intérêts, & je dois me plaindre du moins de votre froideur. Cependant,
reprit-elle en voyant que je baissois les yeux
pour l'écouter, je ne me persuaderai jamais, si
je ne l'apprends de vous-même, que vous ayez
prêté les mains à l'horrible entreprise de votre
frere. Il s'est prévalu d'un consentement dont
il connoît toute la fausseté, & qu'il m'a vu
désavouer en votre présence. Il s'est fait marier à Saint Germain. Peut-être ne l'avez-vous
su qu'après moi ; peut-être avez-vous fait difficulté de l'approuver ; mais j'ignore s'il m'est
encore permis de me flatter de cette pensée,
& si je dois vous compter au rang de ceux qui
ont désiré ma perte.

Il m'étoit trop aisé de me justifier pour lui
refuser cette consolation. Je la lui accordai en

peu de mots ; mais preſſé par la crainte de Fincer , qui pouvoit nous ſurprendre à tous moments , je l'engageai par diverſes queſtions à
me communiquer ce qu'elle ſavoit des projets de ſon pere. Elle ne chercha point à s'en
défendre. Hélas ! me dit-elle, c'eſt le comble
de mes maux, que, réduite à l'extrêmité où
je ſuis par l'injuſtice & la cruauté de mon
mari, je ſois capable encore de toutes les
alarmes où ſon intérêt me jette, & que ce
nouveau tourment me rende plus malheureuſe que tous ſes mépris. Elle me raconta là-
deſſus avec quel emportement ſon pere l'avoit
forcée de prendre le chemin du Danemarck,
dans la ſeule vue de cauſer autant d'embarras
à mes freres, qu'il prétendoit en avoir reçu
d'inſulte & de chagrin. Mais en apprenant ſur
la route que ſon eſpérance étoit trompée par
le mariage précipité de Patrice, ſa fureur avoit
changé toutes ſes réſolutions, & il n'avoit plus
penſé qu'à retourner à Paris pour ſe venger.
Dans ſes premiers tranſports il n'avoit parlé
que de laver ſon outrage dans le ſang de Patrice, & d'employer le bras d'autrui, ſi la force manquoit au ſien. Il y avoit paru ſi déterminé, que la tremblante Sara voyant ſes larmes inutiles pour l'appaiſer, & n'oſant plus enviſager d'autre reſſource, lui avoit offert enfin d'épouſer Tenermill ; mais il avoit rejetté
ce mariage même comme une ſatisfaction trop
tardive, & qui laiſſoit toujours le déſavantage
de ſon côté, puiſqu'elle ne venoit qu'à la ſuite
de l'offenſe. Sara n'avoit pu obtenir par ſes
inſtances continuelles que de lui faire ſuſpen-
dre quelque temps ſa vengeance, ſous prétexte
qu'il étoit important pour lui-même d'approfondir des circonſtances qui pouvoient rendre
mon

mon frere plus ou moins coupable ; mais s'il s'étoit relâché par ce motif, il avoit formé l'envie de commencer du moins par braver Patrice , en se logeant assez près de lui pour lui faire comprendre de quoi il le menaçoit.

Cependant la pensée lui étant venue de consulter quelques Avocats de Paris , s'il s'étoit vu ouvrir une nouvelle voie par leur réponse, la soif du sang s'étoit changée en ardeur pour les procédures de la Justice ; & cette passion convenant mieux à son âge , il paroissoit s'y livrer tout entier. Sara m'apprit qu'il employoit d'habiles gens à composer un mémoire où l'ingratitude & la trahison de Patrice devoient être relevées avec les plus noires couleurs, & qu'il attendoit , pour former juridiquement sa plainte , que cette piece fût en état de paroître au même instant. Il vouloit attacher les yeux du public sur son ennemi. La retraite qu'il lui voyoit garder l'irritoit, & cette tranquillité apparente lui paroissoit une autre insulte dont il le vouloit punir. Enfin ne se possédant point assez pour mettre de l'ordre dans les effets de sa haine , tous ses mouvements & ses desseins s'entrechoquoient , & lui faisoient prendre successivement mille résolutions opposées dans le même jour.

Je m'attendois qu'après avoir représenté les fureurs & les desseins de son pere , Sara me feroit l'ouverture de ses propres vues. Mais étant revenue à me demander quels sentiments j'avois encore pour elle , je fus surpris de ne lui entendre ajouter que des plaintes de son fort, & des instances vagues qui se réduisoient à me conjurer de lui conserver mon estime & de lui accorder ma compassion. La réflexion que je fis sur ses termes , jointe à l'aveu qu'elle

*IV. Partie.*  F

m'avoit fait de la difpofition qu'elle avoit marquée à fon pere pour époufer Mylord Tenermill, renouvella toutes les idées qui m'avoient
déterminé au voyage de Danemarck. Sans m'ef-
frayer de ce que la haine de Fincer pourroit
me coûtre à combattre, je crus ce moment favorable pour la faire entrer dans les feules con-
ciliations dont il nous reftoit quelque bonheur
à efpérer. Je ne pris pas même mon difcours
de trop loin. Après l'avoir affurée que j'étois
tel qu'elle paroiffoit le défirer : il n'eft que
trop vrai, luidis-je, que mon frere s'eft cru
autorifé par l'approbation du Roi & de nos
Evêques à former un nouveau mariage ; & fi
fon époufe, ajoutai-je avec une imprudence
qui n'eft pardonnable qu'à l'intention qui me
la faifoit commettre volontairement, n'eft pas
encore entrée dans les droits qu'elle a reçus à
la face des autels, c'eft que par les motifs de
bienféance & de modeftie elle a jugé qu'il importoit à fa réputation de ne pas marquer trop
d'empreffement pour fe livrer à fon mari. Elle
s'eft retirée dans un couvent où vous vous fi-
gurez bien que l'ardeur de votre infidele ne
lui permettra pas d'être long-temps. Votre divorce eft donc confommé, fi le mariage de
mon frere ne l'eft pas. On a fans doute abufé
d'un confentement qui ne vous a été arraché
que malgré vous ; il devoit être volontaire :
c'eft une vérité que j'aurois foutenue jufqu'à
l'effufion de mon fang, fi j'euffe été pris à partie ; mais tel qu'il eft, il a paffé pour conftant
aux yeux du Roi. Et comment le Roi n'y
auroit-il pas été trompé, lorfqu'il l'a vu revêtu du certificat de votre pere ? Ce que je veux
conclure ici, continuai-je, c'eft que, fans entrer
dans la difcuffion du devoir de mon frere & de

ſa nouvelle épouſe, il demeure certain que vous n'avez plus rien à eſpérer du cœur d'un infidele; & quand, avec mon témoignage, que vous me trouverez toujours prêt à vous accorder, vos Avocats pourroient faire naître à ſon mariage des difficultés auſſi inſurmontables qu'ils s'en flattent, peut-être trop légérement, vous n'en demeurerez pas moins privée de celui que vous accuſez juſtement d'ingratirude. Je la regardois attentivement à chaque mot que je prononçois ; & comme encouragé par le profond ſilence avec lequel elle affectoit de m'écouter, je me hazardai à lui déclarer ouvertement ce qu'il étoit impoſſible qu'elle n'entendît pas à demi.

Un mot de vous, lui dis-je d'un ton plus tendre, peut rétablir le bonheur & l'amitié dans nos familles. Approuvez en effet d'un mot l'offre du cœur & de la main de Mylord Tenermill. Et comme ſi j'euſſe appréhendé auſſi-tôt une objection qu'elle ne penſoit pas à me faire : ne craignez rien de la haine de votre pere, repris-je avec ardeur, & regardez-la comme un emportement qui ne ſauroit durer. Je me charge de ménager ſon eſprit ; il ne fermera pas long-temps les yeux ſur l'avantage d'une alliance qui finira toutes nos diviſions, & qui vous aſſure une condition digne de vous. Ne l'avoit-il pas ſenti lorſqu'il avoit approuvé ſi librement les propoſitions de Tenermill ? Je ne crains d'obſtacle que de vous. Mais je devois dire au contraire que j'ai ceſſé de les craindre, puiſque je ne vous propoſe rien que vous n'ayez offert à votre pere, & que vous ne ſoyez diſpoſée par conſéquent à voir réuſſir volontiers.

Si j'avois craint d'être interrompu par les

objections ou par le refus de Sara, je commençai à m'étonner au contraire de voir durer si long-temps son silence. Elle avoit paru m'écouter d'abord ; mais je crus remarquer à la fin que toute son attention étoit tournée sur ses propres pensées, & j'en fus beaucoup plus sûr, lorsque m'étant arrêté pour lui laisser la liberté de me répondre, elle demeura encore quelques moments, non-seulement sans ouvrir la bouche, mais sans s'appercevoir même que j'avois cessé de parler. Elle sortit néanmoins de cette rêverie avec quelques marques de confusion ; & s'efforçant de rappeller quelques mots de mon discours qui avoient frappé ses oreilles, elle y répondit d'une maniere qu'elle jugea pouvoir convenir également à ce qu'elle n'avoit pas entendu. Vous me donnez un conseil, me dit-elle d'un air moins chagrin qu'embarrassé, que je ne serai jamais capable de suivre. C'étoit uniquement ma crainte pour la vie de mon mari qui m'a fait faire à mon pere une offre que j'aurois mal tenue sans doute, & que je n'ai pas été long-temps à me reprocher. Vous m'avez appris vous-même à oublier, ajouta-t-elle avec un sourire forcé, que les liens du mariage ne peuvent être rompus que par la mort. Ensuite prêtant l'oreille un instant, comme si elle s'étoit imaginée d'entendre son pere : mais j'appréhende beaucoup, reprit-elle, que ce ne soit vous exposer trop dans une premiere visite, que de vous retenir ici si long-temps. Allez, mon cher Doyen, & souvenez-vous de la promesse que vous me faites de m'aimer. J'y compte si fort que je ne ferai pas difficulté de vous faire avertir lorsque vous pourrez être introduit ici sans danger. Un de ses gens, qu'elle appella aussi-tôt, reçut

ordre de me conduire avec précaution jufqu'à
la porte.

· Elle m'avoit tenu ce dernier difcours d'un
ton fi différent de celui par lequel elle avoit
commencé, & l'air même de fon vifage m'a-
voit paru tellement changé, que fi je fus extrêmement frappé d'une aventure fi étrange, je
ne me retirai pas moins fans y rien comprendre : & ce ne fut en effet qu'après les malheu-
reufes fuites de cet entretien que je me rap-
pellai l'indifcrétion par laquelle je m'étois rendu coupable d'avance du plus funefte accident
de cette hiftoire. Je n'interromprai point ma
narration pour l'annoncer, quoique je confeffe dès ce moment qu'il ne fera jamais bien
réparé par toutes mes larmes. Etant forti d'un
pas affez précipité, toutes mes réflexions fe
tournerent fur ce que je venois de voir & d'entendre. Malgré l'incertitude où je reftai, marchant, plus porté dans le fond à bien efpérer
qu'à craindre, j'éloignai tout ce qui pouvoit
me gêner l'imagination, pour m'arrêter à mille
chofes qui étoient capables de la flatter. Si la
paffion de Sara pour Patrice s'étoit enfin re-
froidie, & fi la molleffe avec laquelle il me
fembloit qu'elle m'avoit combattu, en étoit une
preuve à laquelle tous mes doutes devoient céder, que d'heureux fruits ne pouvois-je pas me
promettre de ma victoire! Sans répéter ceux que
j'ai déjà comptés, ma réconciliation n'étoit-
elle pas certaine avec Mylord Tenermill, &
jamais la tranquillité & l'honneur même de
notre maifon pouvoient-ils être mieux établis ?
Il me tardoit de communiquer de fi douces
efpérances au Comte & à la Comteffe de S....
Je ne différai pas un moment à me rendre chez
eux. Ils avoient fu de moi-même la vifite que

je devois rendre à Sara Fincer, & ils en atten-
doient le fuccès avec impatience.

Les nouvelles que je leur portois, expliquées avec la prévention dont je m'étois comme efforcé de me remplir, leur firent prendre la même idée que moi des difpofitions de
Sara. Dans la joie qu'ils en reffentirent ils
jugerent à propos de dépêcher un exprès à Mylord Tenermill, qui étoit parti de Saint Germain depuis deux jours pour aller joindre fon
Régiment. Le projet d'un embarquement pour
l'Irlande étant prêt à s'exécuter, il étoit à
craindre qu'il ne nous échappât au moment où
la fortune fembloit lui réferver toutes fes faveurs. Quatre jours nous parurent fuffire pour
lever toutes les difficultés qui pouvoient nous
refter. Je ne m'étois point paré d'un faux courage lorfque j'avois promis à Sara d'affronter
la haine de fon pere, ni flatté d'une efpérance
préfomptueufe, en me promettant moi-même de le fléchir. Que n'aurois-je point tenté
pour réuffir dans une entreprife fi convenable
à mon caractere & à mes principes! D'ailleurs,
j'avois quelque penchant à croire, (quoiqu'un
mouvement de politeffe m'eût fait déguifer
cette conjecture à fa fille,) que loin d'avoir
autant de haine & de dégoût qu'il en avoit
marqué pour la main de Tenermill, il l'eût
acceptée avec plus de fatisfaction que jamais
depuis le mariage de Patrice, fi elle lui eût été
offerte, ou qu'il l'eût recherchée même avec
empreffement, s'il eût ofé compter qu'elle ne
lui feroit pas refufée. Ainfi le mépris qu'il
avoit affecté, n'étoit, dans mon opinion, que
le mafque d'un homme fier, qui refufe d'a-
vance ce qu'il craint de ne pas obtenir, mais
qui n'en apprend qu'avec plus de joie qu'on

pense à le lui offrir, & qui sacrifieroit tous ses
ressentiments réels avec ses mépris affectés,
pour s'en assurer promptement la possession.
Sans cette supposition, il auroit fallu le regarder comme un pere, non-seulement dénaturé,
mais absolument insensible à l'honneur de sa
fille ; & nous avions remarqué néanmoins au
travers de ses duretés qu'il n'avoit rien de si
cher qu'elle.

Lorsque je commençois à me reposer sur
des apparences si favorables, Jacin m'avertit
qu'il avoit remarqué dans les domestiques de
Patrice une agitation extraordinaire, & qu'il
étoit trompé si elle n'étoit pas la marque de
quelque nouveau mystere qui ne tarderoit pas
à éclater. Il avoit fait néanmoins des efforts
inutiles pour en pénétrer davantage. Patrice
plus alarmé au fond qu'il ne le faisoit paroître, & comme resserré par le voisinage de Fincer dans une espece de prison d'où il ne sor-
toit jamais sans crainte, avoit défendu si ri-
goureusement à ses domestiques de lier le moindre commerce avec ceux de Sara, que dans la
crainte de manquer à ses ordres, ils étoient
devenus presque aussi farouches & aussi inac-
cessibles que lui. Il les avoit disposés d'ailleurs
par ses bienfaits & ses promesses à suivre aveu-
glément toutes ses volontés. Cependant le
voyage auquel il se préparoit demandant des
soins & des arrangements, il étoit impossible
que tous leurs mouvements fussent secrets, &
Jacin s'en étoit apperçu. J'aurois moins négligé son avis, si je n'eusse fait trop de fond sur
le valet de chambre de mon frere, à qui j'a-
vois recommandé de ne me laisser rien ignorer qui fût de quelque importance pour son
maître. Mais ce garçon même avoit ses inté-

rêts propres à ménager. Patrice, en lui communiquant le deſſein de ſon départ, ne lui avoit rien ordonné avec tant de ſoin que la diſcrétion ; & les promeſſes ou les menaces dont il avoit accompagné cet ordre lui avoient fait regarder l'obéiſſance aveugle comme un ſacrifice néceſſaire à ſa fortune.

Il eſt vrai du moins que je n'eus point d'autres lumieres ſur l'entrepriſe que mon frere étoit à la veille d'exécuter. La principale partie de ſon équipage avoit été transportée hors de la ville pendant la nuit. Un homme de confiance étoit chargé du reſte de ſes affaires. Mademoiſelle de L..... devoit ſe rendre le ſoir à ſa maiſon pour quelques détails qui demandoient néceſſairement ſa préſence ; & ſans penſer même à leurs adieux, qu'ils remettoient apparemment à nous faire par leurs lettres, ils ſe propoſoient de ſe mettre en chemin pour l'Allemagne avant le jour.

C'étoit le lendemain de la viſite que j'avois rendue à Sara que toutes ces meſures devoient être exécutées. Patrice, quoiqu'obſtiné à nous cacher ſon départ, vint chez le Comte de S.... vers la fin de ce jour funeſte. J'y étois : toute la répugnance qu'il avoit à m'écouter, & dont l'embarras qui l'occupoit rendoit les marques encore plus ſenſibles, ne m'ôta point l'envie de le faire expliquer ſur l'entretien que j'avois eu avec la fille de Fincer. Il l'avoit appris la veille du Comte & de la Comteſſe, qu'il avoit vus dans mon abſence. Si vous avez jamais eu lui dis-je, quelque raiſon de vous fier à mon amitié, c'eſt lorſque vous me voyez abandonner mon ancien ouvrage, & changer d'inclinations & de déſirs pour me conformer aux vôtres. Je commence à m'intéreſser autant que vous au succès de votre mariage, mes difficultés cedent à tant de raisons qui parlent en votre faveur. Dans tout autre moment je ne doute point que ma sincérité ne l'eût touché ; mais rempli comme il l'étoit de son dessein, & n'étant venu chez le Comte que pour le déguiser, il appréhenda sans doute ma pénétration, & cette crainte lui fit interrompre mon discours avec sa froideur ordinaire. Il ne marqua pas plus d'émotion au récit de toutes les menaces de Fincer ; & son indifférence pour des événements qui le touchoient de si près, nous causa une surprise dont nous eûmes peine à revenir après son départ.

Cependant comme il étoit important dans mes vues de tirer une réponse positive de Sara, j'avois chargé Jacin de me ménager une nouvelle entrevue avec elle. Il n'avoit pas manqué l'occasion de s'introduire dans son appartement, & il étoit parvenu à lui parler ; mais au lieu de lui trouver l'empressement qu'elle avoit eue la veille pour me voir, il n'en avoit reçu qu'une courte réponse, par laquelle elle me faisoit prier de remettre ma visite au lendemain. Elle étoit levée & vêtue avec autant de soin que si elle se fût disposée à sortir. Jacin me parla avec admiration du changement qu'il avoit remarqué dans ses yeux & sur son visage. Sa langueur avoit fait place à l'air naturel de la vivacité & de la joie. On ne l'eût pas soupçonnée d'avoir passé tant de malheureux jours dans l'accablement de la douleur : ce ne pouvoit être que l'espérance d'une meilleure fortune qui avoit produit ce miracle ; & dans ma prévention, je l'attribuai à l'effort qu'elle auroit fait sur elle-même pour oublier

F 5

Patrice, & pour se rendre plus heureuse avec Tenermill.

Que j'étois éloigné d'avoir pénétré sa situation ! On entreroit mal dans les tristes circonstances que j'ai à rapporter, si je ne remontois jusqu'à la cause de mon erreur. Ces distractions que j'ai fait observer dans l'entretien que j'avois eu avec elle, étoient bien l'effet de mon discours, & marquoient dans son esprit autant d'incertitude & d'agitation que je me l'étois imaginé ; mais ce n'étoit ni ce qui m'occupoit le plus, ni ce que je croyois capable de l'occuper uniquement, qui avoit fixé en effet son attention. Il m'étoit échappé, sans autre dessein que de faire honneur à la modération de Patrice, en remarquant qu'il avoit gardé du moins quelques mesures avec elle, de lui dire que mademoiselle de L.... s'étoit retirée dans un couvent, & que de concert avec mon frere, elle avoit remis la consommation de son mariage à des temps plus tranquilles. Il n'en avoit pas fallu davantage pour faire naître deux idées nouvelles dans l'esprit de Sara, ou plutôt pour réveiller dans son cœur deux espérances plus contraires que jamais à son repos. Perdant aussi-tôt toute attention pour le reste de mon discours, elle s'étoit mise à penser que son sort n'étoit pas aussi désespéré qu'elle l'avoit cru, puisque la situation de mademoiselle de L... n'étoit pas différente de la sienne, & que le nouveau lien que Patrice avoit formé, n'avoit rien de plus fort & de plus inviolable que celui par lequel il s'étoit engagé à elle en Irlande. Elle en avoit conclu qu'il lui restoit encore bien des voies à tenter, & l'absence de sa rivale lui en offroit une qu'elle auroit préférée à toutes celles dont on lui auroit accordé le choix ; c'étoit d'aller furprendre Patrice dans la folitude où il étoit, & d'employer tout ce que l'amour a de plus puiffant pour toucher fon cœur. Cette idée la flattoit d'autant plus, que depuis fon arrivée d'Irlande elle n'avoit rien défiré avec tant d'ardeur que de l'entretenir feul. Les circonftances lui en avoient toujours ravi l'occafion, & elle n'attribuoit le triomphe de fa rivale qu'à l'avantage qu'elle avoit eu de le voir & de lui parler continuellement.

Elle ne fe propofa point cette entreprife comme une chofe aifée. C'étoit fur quoi elle méditoit fi profondément lorfque je la croyois attentive à mes raifonnemens & à mes confeils. Elle favoit par mille tentatives inutiles, qu'il y avoit peu de communication à efpérer des domeftiques de mon frere, & elle ne vouloit expofer fon fecret à perfonne qui fût capable de la trahir. Mais ayant pris adroitement de nouvelles informations après mon départ, elle apprit de fon hôteffe que mademoifelle de L.... n'occupoit qu'une maifon de louage, & que le propriétaire y entretenoit un concierge, à qui il avoit réfervé un appartement. Cet éclairciffement fuffifoit ; le concierge, de quelque caractere qu'il pût être, n'étoit pas un homme pour qui les ordres de mon frere fuffent des loix, ni qui pût trouver plus d'intérêt à les fuivre, qu'à recevoir une fomme confidérable qu'elle crut propre à le gagner. Elle employa fon hôteffe pour fe le faire amener fecrétement. L'or produifit fon effet ; elle le difpofa par fes offres à lui rendre toutes fortes de fervices.

Cet homme n'ignoroit pas que mademoifelle de L.... devoit quitter fa maifon, & que

Patrice en avoit déjà fait fortir les meubles les plus précieux. Mais on lui avoit caché avec foin que ce fût pour le voyage d'Allemagne, & le loyer ayant été payé d'avance, il avoit eu peu de curiofité pour les deffeins de fes hôtes. Cependant l'explication qu'il donnoit là-deffus à Sara fut pour elle une nouvelle raifon de preffer l'exécution de fon projet. Elle fe figura que c'étoit la contrainte où Patrice fe trouvoit dans fon voifinage qui l'avoit fait penfer à fe loger dans un quartier différent ; & l'incertitude de le retrouver s'il s'éloignoit une fois d'elle, ne lui permit de fufpendre fon entreprife que jufqu'au lendemain. C'étoit le jour où Jacin l'avoit trouvée fi brillante. Elle l'étoit de la fatisfaction de fon cœur autant que de fa parure.

A peine l'obfcurité fut-elle propre à la favorifer, que laiffant fa femme de confiance dans fa chambre, avec ordre de faire entendre à ceux qui pourroient s'y préfenter qu'elle avoit befoin de quelques heures de repos, elle fe livra à la conduite de fon hôteffe, qui réuffit auffi heureufement à la faire fortir de chez elle, qu'à l'introduire chez le concierge de Patrice. Elle leur avoit expliqué le fervice qu'elle défiroit. Il n'étoit queftion que de lui ouvrir l'appartement de mon frere, lorfqu'on pourroit s'affurer qu'il y feroit feul ; mais fachant du concierge qu'il n'étoit point encore revenu de la ville, elle changea cette premiere vue en celle d'entrer à l'heure même dans l'appartement, & d'y attendre fon retour. La vie folitaire qu'il menoit, & dont le concierge lui rendoit témoignage, étoit une raifon fuffifante pour ne pas craindre qu'il revînt avec une compagnie incommode.

Cependant, comme si le mauvais génie de nos deux familles eût pris soin de conduire les événements, cette occasion qui paroissoit à Sara si heureusement choisie, & dont elle se flattoit déjà de tirer tant d'avantages, alloit être le plus terrible & le plus douloureux moment de sa vie. Elle alloit voir de près ce qui lui avoit paru le plus redoutable dans l'éloignement, & trouver un tombeau ouvert où elle osoit se promettre des consolations, & peut-être des plaisirs qu'elle n'avoit point encore goûtés. Car c'est un aveu qu'elle m'a fait depuis. En réfléchissant sur le bonheur qu'elle alloit avoir de se trouver seule avec Patrice, il lui étoit tombé dans l'esprit que tous ses malheurs ne venoient que d'elle-même, par l'excès de modestie & de réserve où elle s'étoit toujours contenue avec lui. Le cœur d'un insensible demandoit d'être attaqué avec moins de ménagements. Elle s'étoit reproché de ne l'avoir jamais échauffé par ses caresses ; & considérant qu'une femme a mille droits dont sa vertu même ne lui interdit point l'usage, elle étoit résolue, pour attendrir un ingrat qui ne connoissoit point assez tous ses charmes, de sortir un peu des bornes où elle s'étoit trop resserrée. Cette idée s'accordoit avec ce qu'elle avoit déjà pensé de sa situation. En supposant le mariage de mademoiselle de L... célébré avec les mêmes cérémonies que le sien, elle se croyoit de ce côté-là dans une espece d'égalité avec elle ; & le point dont elle se figuroit que la solidité de l'un ou de l'autre engagement pouvoit dépendre étant la consommation, son espérance étoit encore d'emporter la balance en prévenant sa rivale. Raisonnement mal conçu, qui venoit de

ce qu'elle ne comprenoit pas affez que le nouveau mariage de Patrice n'étoit fondé que fur
la nullité qu'on fuppofoit au premier, & que fi
le fien au contraire avoit eu toutes les conditions qui rendent ces engagements inviolables,
il entraînoit néceffairement la nullité du fe-
cond.

Enfin, l'imagination remplie de fon deffein,
& tremblante néanmoins à l'approche du moment qu'elle défiroit, elle pria fes guides de
la laiffer dans l'appartement de mon frere. Ils
fe retirerent dans celui du concierge. Son occupation fut fans doute de fe préparer à une
fcene qui demandoit plus d'expérience qu'elle n'en avoit, & plus d'art qu'elle n'en étoit
capable. La chambre étoit éclairée par deux
flambeaux, que les domeftiques y avoient déjà apportés en attendant le retour de leur maître. On avoit fait tranfporter, comme je l'ai
fait remarquer, les principaux meubles de l'appartement, & le refte étant épars fans ordre,
à peine trouva-t-elle un fauteuil qui ne fût pas
affez chargé pour l'empêcher de s'affeoir. Cependant elle en trouva un, qui étoit comme
caché derriere la porte d'une de ces armoires
qu'on pratique quelquefois dans le lambris
pour réparer l'inégalité d'un mur & le mettre de niveau à la cheminée. Cette porte étoit
demeurée ouverte dans le mouvement qu'on
avoit fait pour démeubler la chambre; & loin
de la fermer pour être à découvert, Sara s'applaudit d'une fituation qui fembloit aider à fa
timidité. Elle attendit peu; mais lorfqu'au
premier bruit qui fe fit entendre elle commençoit à fentir fon émotion qui redoubloit,
elle crut remarquer que mon frere n'étoit pas
feul. Tout ce qu'elle put d'abord s'imaginer

fut qu'il étoit suivi de quelques domestiques.
Cependant le bruit s'éclaircissant à mesure
qu'il s'approchoit, elle distingua facilement la
voix d'une femme.

A quels transports ne se seroit-elle pas aban-
donnée tout-d'un-coup, si elle eût reconnu
celle de sa rivale ! Et c'eût été ce que le Ciel
pouvoit lui accorder de plus heureux dans sa
bonté ; il lui auroit épargné les mortelles dou-
leurs qui déchirerent bientôt son ame, & les
extrêmités fatales dont elles furent suivies.
C'étoit en effet mademoiselle de L..... que Patrice amenoit de son couvent, pour achever
ce qui manquoit aux préparatifs de leur départ, & pour quitter Paris ensemble dans l'obscurité de la nuit. Il lui proposa de s'asseoir en
arrivant. Les domestiques dégagerent aussi tôt
un canapé qui étoit chargé d'autres meubles ;
& dans le mouvement qu'ils se donnerent,
la table sur laquelle étoient les flambeaux
fut poussée si près de la porte qui couvroit
l'inquiete Sara, qu'ils lui firent une espece
de prison du lieu où elle étoit assise. Elle ne
pensa néanmoins qu'à s'y tenir cachée ; & son
attention ne tombant encore que sur le danger d'être apperçue, elle espéra que la fin d'un
contre-temps qu'elle prenoit pour une visite in-
différente, la délivreroit bientôt de cette contrainte.

Cependant Patrice altéré depuis si long-
temps de toutes les impatiences de l'amour,
brûloit d'envie de se voir libre & pressoit les
domestiques de se retirer. A peine se crut-il
sans témoins, que, se livrant à toute son ardeur, il employa bientôt des expressions
trop claires pour laisser long-temps de l'incertitude à Sara. Il étoit accoutumé à traiter ma-

demoifelle de .... avec tant de refpect , & elle s'étoit expliquée d'une maniere fi ferme fur les bornes qu'elle vouloit s'inpofer , qu'il ne penfoit point fans doute à d'autres plaifirs qu'à celui de la vo. & de l'entendre. Mais peindroit-on l'amor comme une paffion fi violente , fi elle s'afujettiffoit aifénent à des bornes ! Patrice fefaifit bientôt d'une main qu'on ne s'obftina point à retirer. Il y attacha fes levres avec une ardeur dont l'impreffion fe fit fentir jufqu'à l trifte Sara. Quel coup mortel pour une femme paffionnée, qui fe voyoit dérober les trafports dont elle eût défiré d'être l'objet ! Quelle violence pour retenir les fiens ! La crainte d'offenfer mortellement un ingrat en le couvrant de honte aux yeux de fa rivale, l'arrêta plus que la confidération de ce qu'elle fe devoit à elle-même. Elle eut la force de fufpendre des cris qui furent mille fois prêts à lui échapper ; & raffurée du moins par les difcours de mademoifelle de L..., qui avertiffoit mon frere de prendre plus d'empire fur fes fentiments. elle réfolut de foutenir une fcene dont elle fe flatta qu'elle n'auroit point à redouter d'autres fuites.

Les tendres proteftations de Patrice étoient un autre tourment qui ne lui coûroit pas moins à fupporter. Combien de fois jura-t-il qu'il étoit au comble du bonheur , & qu'avec l'affurance qu'il avoit d'être aimé, il ne lui reftoit plus rien à défirer pour le repos de fon cœur ? Par quel art mademoifelle de L... avoit-elle obtenu ce que l'infortunée Sara fe défefpéroit d'avoir manqué ? & de quel droit une rivale , à qui elle ne fuppofoit point la moitié de cette vive tendreffe dont elle fentoit le témoignage au fond de fon cœur, fe mêloit elle des affaires & des intérêts d'un homme dont il falloit bien qu'elle ne se crût point encore la femme, puisqu'elle se croyoit encore obligée de se défendre contre ses caresses ? Elle l'entendoit faire des détails qui ne convenoient qu'à une épouse déclarée, & des projets de conduite & d'établissement qui supposoient la certitude d'une vie tranquille & d'une union inviolable. A qui ces soins devoient-ils appartenir, & pourquoi n'avoient-ils jamais été goûtés quand la triste Sara les avoit pris ? Mais quel excès d'amertume, lorsque les entretiens des deux amants étant tombés sur elle-même, ils s'applaudirent d'avoir évité ses persécutions, & d'être à la veille de ne les plus craindre ! La curiosité inquiete de mademoiselle de L.... rendoit de moments en moments le supplice plus insupportable. Elle demandoit à Patrice s'il étoit bien vrai qu'il s'éloignât sans regret d'une femme dont il ne pouvoit douter après tout qu'il ne fût tendrement aimé ? Ses réponses n'étoient point absolument désobligeantes pour Sara. Il rendoit justice à ses charmes, & il confessoit encore plus volontiers qu'il devoit de la reconnoissance à ses bienfaits. Sa franchise alla même jusqu'à lui faire avouer qu'après le seul objet pour lequel il vouloit vivre, il n'avoit rien de si cher & il ne connoissoit rien de plus aimable.

Cet aveu auroit eu de la douceur pour Sara, si les plaintes de sa rivale, qui ne put l'entendre sans quelques marques de jalousie, n'eussent fait changer de langage à mon frere. Quelques preuves qu'il lui eût données de sa passion, il se crut obligé de dissiper jusqu'aux moindres nuages qui pouvoient lui faire dou-

ter qu'elle fût uniquement aimée , & cette
espece de réparation ne se fit que par des com-
paraisons de charmes , dont l'avantage ne demeura point à Sara. Mais son cœur s'échauf-
fant dans une discussion si tendre , il prit droit
des reproches de son amante pour redoubler
la vivacité de ses caresses. Sans se souvenir
des bornes auxquelles il venoit de s'assujettir
par de nouvelles promesses, il la prit entre ses
bras, avec une douce violence , & collant ses
levres sur les siennes, il lui fit partager dans
ce transport mille ravissements dont ils faisoient
tous deux le premier essai. Le saisissement de
tant de plaisir ôtant à mademoiselle de L.....
la force, & peut-être le désir de se défendre ,
Sara, qui n'avoit pas perdu un seul de leurs
mouvements, ne douta point qu'ils ne tou-
chassent au moment qu'elle avoit craint de
voir arriver pour eux , autant qu'elle l'avoit
peut-être désiré pour elle-même. La honte ,
la fureur, toutes les passions qui pouvoient
naître de cette pensée dans le cœur d'une femme outragée , chasserent la crainte & les autres considérations qui l'avoient arrêtée. Elle
se leva sans rien consulter, en poussant furieu-
sement la porte qui la couvroit. Elle renversa
par conséquent la table qui soutenoit les flambeaux ; & sans être effrayée de l'obscurité que
cet accident fit régner tout-d'un-coup dans la
chambre , prononçant d'une voix entrecoupée
les noms de lâche & de perfide , elle se seroit
jettée sur les deux amants qui étoient encore
trop près l'un de l'autre pour échapper à ses
efforts, si le plus grand des malheurs ne l'eût
étendue immobile aux pieds de Patrice. Il portoit une de ces courtes épées que je ferai
mieux connoître sous le nom de couteau de

chaſſe, & qu'il avoit préféré à la ſienne pour
la commodité d'un long voyage. Dans le premier ſaiſiſſement, qui lui fit tout craindre d'u-
ne attaque ſi bruſque, ne diſtinguant rien, &
ne penſant qu'à défendre la vie de mademoiſelle de L.... & la ſienne, il tira cette fatale
épée & l'allongea ſi malheureuſement devant
lui, qu'il renverſa d'un ſeul coup la miſérab-
ble Sara.

Le bruit de ſa chûte, & quelques gémiſſe-
ments qu'elle laiſſa échapper, firent aſſez juger
à mon frere qu'il n'avoit plus rien à redouter
de l'ennemi qu'il croyoit avoir prévenu ; mais
tremblant d'un coup ſi tragique, il brûloit d'en
connoître le malheureux objet. Les domeſtiques attirés par le tumulte, parurent auſſi-tôt
avec de la lumiere, & découvrirent à ſes yeux
un ſpectacle qui le pénétra d'épouvante &
d'horreur. Sara étoit étendue ſans aucun ſigne
de connoiſſance ni de ſentiment ; & ſon ſang
qui couloit à grands flots, s'étoit déjà tellement répandu ſur le plancher, que dans la
ſituation où il étoit avec mademoiſelle de L...,
il ne pouvoit faire un pas ſans le fouler aux
pieds.

Avec quelque empire que l'amour régnât
dans ſon cœur, une affreuſe conſternation,
dont il m'a confeſſé mille fois qu'il n'avoit
pas même cherché à ſe défendre, ſuſpendit
la violence de ſa paſſion, & ne lui laiſſa de
force que pour enviſager toute l'horreur de
ſon ſort. Il preſſa les domeſtiques de ſecourir
Sara, & les paroles qu'il prononça pour leur
donner cet ordre furent les ſeules qui ſorti-
rent de ſa bouche. Cependant mademoiſelle
de L.... s'empreſſant elle-même de donner du
ſecours à ſa rivale, cette vue le réveilla tout-

d'un-coup, & frappé de l'impreſſion que des ſoins ſi odieux alloient faire ſur Sara ſi elle venoit à r'ouvrir les yeux, il courut à elle pour l'arrêter. Ah! qu'allez-vous faire, lui dit-il en la prenant par le bras? Et ſans ajouter un ſeul mot, il la conduiſit juſqu'à la porte de la chambre, où il la remit entre les mains de ſes femmes, qui arrivoient avec tout ce qu'il y avoit de gens dans la maiſon. Il retourna ſur ſes pas avec le même ſilence ; mais s'appercevant que, dans la précipitation avec laquelle il s'étoit levé, il avoit trempé ſes pieds dans le ſang qu'il venoit de répandre & qu'il voyoit encore couler, il ſe jetta dans le premier endroit où il put s'aſſeoir, comme s'il eût marché ſur un fer brûlant dont ſes pieds n'euſſent pu ſupporter l'ardeur ; il les eſſuya de ſon mouchoir, qu'il retira en effet tout ſanglant, & qu'il ſe mit à conſidérer avec un redoublement de douleur & de conſternation. Son valet de chambre, qui obſervoit toutes ſes démarches, m'a rapporté que ſans lui entendre prononcer un mot ni pouſſer un ſoupir, il avoit vu couler au long de ſes joues un ruiſſeau de larmes.

Perſonne n'oſant l'interrompre dans cette ſituation, il y demeura auſſi long-temps qu'il douta de la vie de Sara. Mais entendant qu'elle commençoit à donner quelques marques de connoiſſance, il s'empreſſa de s'approcher d'elle. On avoit pouſſé ſans deſſein le canapé vers lui, & faute d'un lieu plus commode, elle y fut placée pour attendre l'arrivée des Chirurgiens. Il s'y aſſit auprès d'elle. Un moment de repos l'ayant tirée de ſon évanouiſſement, il fut ainſi le premier objet ſur lequel elle fit tomber ſes yeux. Elle rappella tout ce qui lui reſtoit de force pour lui reprocher en deux

mots fa cruauté. Ah ! barbare , lui dit-elle,
vous me voyez fans doute dans l'état où vous
m'avez fouhaitée ; mais étoit-ce vous qui de-
viez m'y mettre ? Le ton de ce reproche marquoit bien moins de reffentiment que de trifteffe & d'amour. Auffi Patrice n'y put-il réfifter. Il avoit comme appréhendé jufqu'alors de
fe livrer aux témoignages de fa douleur & de
fa compaffion ; mais cédant à l'ardeur des mouvements qui l'agitoient , il fe laiffa tomber à fes
genoux , & il prit fes mains , fur lefquelles il
imprima mille fois fes levres. Elle trouva encore la force de lui demander fi c'étoit à elle
qu'il croyoit adreffer des careffes fi tendres , &
fi le lieu où elle étoit n'étoit pas la caufe de
cette erreur ? Quoiqu'il demeurât fans répondre , elle parut trouver quelque douceur dans
la continuation de fes careffes. C'étoit un langage d'autant plus touchant pour elle , qu'il
lui étoit adreffé pour la premiere fois ; & peut-
être commença-t-elle dès ce moment à remer-
cier le Ciel de lui rendre quelques légeres efpérances , qui ne lui parurent pas trop payées
par la meilleure partie de fon fang.

Mademoifelle de L.... avoit pris pendant ce
temps-là le feul parti qui fembloit convenir à
de fi fâcheufes circonftances. Elle étoit montée dans fon carroffe, qu'elle avoit trouvé prêt
à la recevoir ; & fe faifant reconduire au couvent d'où elle étoit fortie , elle avoit chargé
fes gens de lui rendre compte le lendemain de
ce qui fe pafferoit chez elle dans fon abfence. Cette réfolution la fauva peut-être de bien
des malheurs qu'elle n'avoit pas prévus , &
qu'elle auroit évités difficilement. A peine
étoit-elle fortie de fa maifon , que Fincer s'en
fit ouvrir la porte avec la derniere fureur. Je

n'ai jamais douté qu'étant déjà inftruit du trif
te événement qui venoit d'arriver, il n'eût fatisfait fes défirs de vengeance dans le fang d'une
rivale déteftée, fi le hazard l'eût fait tomber
à fa rencontre. Son hôteffe n'avoit pu ignorer l'infortune de Sara. Elle avoit profité du
trouble où elle avoit vu tous les gens de Patrice pour s'échapper fans être obfervée, & plei-
ne du fujet qui la faifoit fuir, elle avoit annoncé pour premiere nouvelle à Fincer, que fa
fille venoit d'être affaffinée dans la maifon
voifine. Ce furieux vieillard avoit conçu, fans
autre explication, que c'étoit dans la maifon
de mademoifelle de L...., & peut-être par fes
mains. Il avoit juré d'en faire fa premiere victime. Elle étoit partie au moment qu'il arriva,
& l'on auroit pu l'empêcher facilement de
s'introduire dans la maifon ; mais le valet de
chambre de mon frere étant defcendu au bruit
qu'il entendit à la porte, jugea avec beaucoup
de prudence qu'il étoit plus à propos de lui en
accorder l'entrée, que de lui laiffer le temps
de répandre l'alarme dans le voifinage. Il lui
confeffa même auffi-tôt le malheur qui étoit
arrivé à fa fille ; & ne voyant rien à craindre
de la difpofition où il avoit laiffé mon frere,
il ne refufa pas de le conduire à l'appartement.
Tous les mouvements du vieillard n'en étoient
pas moins furieux. Peut-être penfoit-il moins
à fecourir fa fille qu'à la venger. Cependant
le fpectacle qui s'offrit à fes yeux diffipa une
partie de fon reffentiment. Les Chirurgiens
étoient arrivés avant lui. Tandis qu'ils vifi-
toient la bleffure de Sara, elle avoit la tête ap-
puyée fur le fein de mon frere, qui s'empreffoit
en même-temps de la foutenir dans fes bras.
L'inquiétude & la douleur étoient peintes fur

son visage. Un intérêt si tendre animoit ses
soins & ses regards, que loin de le prendre pour
l'ennemi de celle qu'il venoit d'assassiner, on
l'auroit cru son défenseur. Cette vue arrêta
jusqu'aux reproches de Fincer. Il s'approcha de
sa fille, & le silence qu'il garda pendant l'o-
pération des Chirurgiens marquoit du moins
que les noires agitations de son cœur étoient
suspendues.

C'étoit la premiere fois qu'il voyoit Patrice.
L'impression d'une physionomie touchante se
joignant à celle des soins qu'il lui voyoit rendre à Sara, sa haine s'amollit insensiblement
jusqu'à lui faire oublier que c'étoit l'homme
du monde dont il se croyoit le plus mortellement offensé. Lorsque les Chirurgiens lui eurent expliqué ce qu'ils pensoient de la blessu-
re, & que, toute dangereuse qu'ils la déclare-
rent, ils eurent jugé que Sara pouvoit être
transportée sur le champ chez lui comme il le
désiroit, il ne s'opposa point au redoublement
d'ardeur que mon frere marqua pour la soula-
ger & pour la suivre. Il paroissoit sensible à
la satisfaction qu'elle en ressentoit, & il le vit
même entrer chez lui avec elle, sans témoigner
que cette liberté lui déplût. C'étoit un autre
sujet d'étonnement pour ceux qui connoissoient
le fond des conjonctures, de voir Patrice attaché si constamment sur les pas d'une femme
qu'il avoit traitée avec tant de rigueur. On
auroit eu peine de démêler la vérité de ses sentiments, & son visage portoit autant de marques d'embarras & de confusion que de compassion & de zele ; mais au travers des obscu-
rités, on y voyoit régner le même air d'intérêt qui l'avoit animé dès le premier moment.
Il se relâcha si peu, que s'y livrant unique-

ment, il paſſa la nuit auprès du lit de Sara,
occupé tantôt à lui demander pardon de ſa bar-
barie, tantôt à lui inſpirer du courage par ſes
exhortations & ſes careſſes; ſe levant quelquefois pour ſe promener dans ſa chambre en ſilence, & reprenant enſuite ſa place auprès d'elle
avec une agitation qu'il ne pouvoit modérer.

Son valet de chambre ne le quitta pas juſqu'au jour; mais n'ayant pu lui perſuader de
ſe retirer le matin pour prendre quelques moments de repos, il ſe déroba de la maiſon de
Fincer, & vint me raconter toutes les aventures de cette funeſte nuit. L'ordre de ſon récit, qu'il commença par l'article de mademoiſelle de L........ & par la bleſſure de Sara, fit
tomber toute mon attention ſur les plus affreu-
ſes circonſtances du malheur qu'il me racon-
toit. Dans le premier ſaiſiſſement d'une ſcene
ſi tragique, je ne penſai qu'à me rendre chez
Fincer, & je ne m'arrêtai pas même à demander quelle conduite Patrice avoit tenue avec
lui; je ne ſuivois que le ſentiment de ma douleur, qui me faiſoit regarder cet horrible incident comme le dernier coup que la paſſion
déréglée de mon frere pouvoit porter à l'honneur, à la fortune & au repos de notre famille.
Mon deſſein étoit de me jetter aux pieds de
Fincer, d'adoucir ſa juſte fureur par mes ſoumiſſions, & d'obtenir de lui, à force d'inſtance
& de larmes, qu'il n'uſât pas dans toute ſon
étendue du droit que nous lui avions donné
de nous perdre. Quelque lieu que Patrice eût
pu choiſir pour aſyle, je le croyois déjà menacé d'une vengeance inévitable; je ne voyois
rien qui pût le ſauver de l'échafaud. Ainſi, ſans
attendre d'autres explications, je preſſai le valet de chambre de porter ſa triſte nouvelle au
Comte

Comte & à la Comtesse de S..., avec un billet de ma main, par lequel je leur marquois la
néceſſité d'employer tout leur crédit pour prévenir notre ruine. Mes ordres furent auſſi vifs
que mes craintes ; je ne laiſſai pas même au
valet la liberté de repliquer ; & me voyant déterminé à me rendre ſur le champ chez Fincer, il ne s'obſtina point à vouloir me raſſurer
par un détail dont il ſuppoſa que mes propres
yeux alloient m'inſtruire.

J'entrai chez Fincer en tremblant. Un de
ſes gens, à qui je demandai ſi j'aurois la liberté
de le voir, me répondit qu'il étoit avec mon
frere dans l'appartement de ſa fille. Cette réponſe m'inſpira mille nouvelles terreurs. Je
me la fis répéter, avec la même difficulté à
me perſuader que je l'euſſe bien entendue.
Comment ſe figurer que notre mortel ennemi pût être tranquillement avec l'objet de ſa
haine, ſur-tout aux yeux de Sara qui en étoit
l'unique ſource ? Je ne me repréſentois rien
qui ne fût propre à redoubler mes alarmes ,
& à confondre toutes mes idées. Cependant
n'en jugeant ma préſence que plus néceſſaire ,
je me hâtai de monter, & je me fis introduire
avec le dernier empreſſement. On ne ſe figu-
rera jamais quelle fut ma ſurpriſe , lorſqu'au
lieu des emportements & des fureurs dont je
m'attendois d'être témoin , je vis Fincer &
Patrice aſſis en ſilence près du lit de Sara ; peu
attentifs à la vérité l'un à l'autre , ou du moins
ſe marquant peu d'attention en apparence, mais
auſſi ſans aucune marque de défiance & de
reſſentiment , & comme également occupés
du ſpectacle qu'ils avoient devant les yeux.
Ils ſe levèrent tous deux en me voyant paroître. Leur ſalutation fut froide , & ne fut point

IV. Partie. G

accompagnée d'une feule parole ; l'abattement de mon frere, & le défordre qui étoit dans fon habillement me fit juger tout-d'un-coup qu'il avoit paffé la nuit dans la fituation où il étoit. Sans pénétrer encore dans un myftere fi obfcur pour moi, je me fentis foulagé d'une partie de mes craintes, & j'acceptai un fauteuil qui me fut approché par un laquais.

Nous gardâmes tous trois pendant quelques moments un filence que je n'ofois rompre. Je levai les yeux fur Fincer, qui tenoit les fiens baiffés avec quelqu'apparence d'embarras & de contrainte. Patrice étoit le plus proche du lit de Sara. Il prit une de fes mains, fur laquelle il appliqua un moment fes levres. Enfin fe tournant vers moi d'un air altéré par l'amertume de fes fentiments : vous favez ma funefte aventure, me dit-il avec un profond foupir ; connoiffez-vous quelqu'un de fi coupable & de fi malheureux ? Je vis couler de fes yeux quelques larmes qui faifoient foi de fa douleur : & le feul ton dont il prononça ces quatre mots me découvrit affez tout ce qui fe paffoit dans fon ame.

Ma lenteur à lui répondre auroit été regardée comme une affectation par des gens moins remplis de leurs propres idées, & plus empreffés par conféquent de m'entendre expliquer les miennes. Mais j'aurois pu la faire durer plus long-temps, fans craindre de les choquer par mon filence. Elle venoit de l'incertitude où me jettoit leur confternation même, & de cette apparence de réferve que je leur voyois l'un pour l'autre, malgré la fituation familiere où je les avois trouvés. Quel jugement pouvois-je porter de leurs difpofitions ? Patrice étoit vivement touché de fon malheur ; &

Quand je n'en aurois pas eu la preuve que j'a-
vois devant les yeux, je n'en aurois pas moins
attendu de la tendreffe naturelle de fon caractere. Un cœur auffi fenfible que le fien
étoit fans ceffe ouvert à toutes fortes d'impreffions ; & combien devoit-il l'être à celle
d'un coup fanglant qui étoit parti de fa
main ! Je me figurois bien d'ailleurs qu'avec
toute la paffion dont il étoit rempli pour mademoifelle de L........ , il n'avoit jamais pu
refufer fon eftime à l'innocente Sara. La pitié par conféquent n'avoit eu rien à combattre pour s'emparer entiérement de fon ame ; &
je le croyois fi pénétré de ce fentiment , que
tous ceux de fon amour en étoient comme fuf-
pendus. Mais quel autre fruit en falloit-il efpérer qu'un attendriffement de quelques jours ?
Après tant de changements & de caprices ;
après tant d'apparences feintes , tant de promeffes violées & de ferments oubliés , pouvoit-
il me refter quelque confiance à tout ce qui fert
de fondement aux conjectures ordinaires ; &
dans les variations de mademoifelle de L...,
comme dans les fiennes, n'avois-je pas trop bien
appris à connoître les foibleffes ou les trahifons
de l'amour ?

À l'égard de Fincer , la fombre méditation
où je le voyois plongé me paroiffoit couvrir
encore plus d'écueils. A quelle caufe pouvois-
je attribuer le relâchement de fes tranfports, &
ce calme apparent ne nous menaçoit-il pas de
quelqu'orage imprévu ? Je me figurai néanmoins
que non-feulement la douleur & les foins de
mon frere avoient pu le toucher, mais que fe flattant peut-être jufqu'à s'en promettre un heureux
retour vers fa fille , il attendoit des explications
plus claires pour régler fes fentiments & fa con-

duite. Partagé entre cette penſée & le doute
où j'étois des véritables diſpoſitions de Patrice,
je n'en trouvois ma ſituation que plus délicate, & le choix de mes expreſſions plus difficile. J'avois encore à ménager la malheureuſe
Sara, qui ſe repaiſſoit ſans doute des mêmes
eſpérances que ſon pere, & qui dans la langueur où elle étoit, jettoit ſur moi un œil
de complaiſance dont je croyois entendre le
langage.

Au milieu de tant de dangers je pris le parti de me réduire à des réflexions générales ſur
la néceſſité de rapporter au Ciel une infinité
d'événements qui ſurpaſſent la pénétration des
hommes ; & tournant cette idée de la maniere
la plus propre à me concilier tous ceux qui
m'entendoient, j'ajoutai que c'étoit quelquefois du ſein de ces obſcurités mêmes qu'il
ſembloit prendre plaiſir à faire naître la lumiere & la paix. Comme on ne m'avoit pas preſſé de répondre, on ne marqua point d'empreſſement non plus à me repliquer. Fincer s'obſtina au ſilence, & Patrice abymé dans ſes regrets parut faire peu d'attention à mon diſcours.

De quelque maniere que cette ſcene pût finir, je me raſſurai peu à peu du côté de Fincer, & me confirmant dans mes premieres penſées, ma hardieſſe s'accrut juſqu'à lui adreſſer directement quelques témoignages de la
part que je prenois à ſon infortune. Il parut
ſenſible à mon compliment ; mais au lieu d'y
répondre, il ſe leva avec le même ſilence, &
me prenant par la main, il me conduiſit dans
une chambre voiſine. M'ayant préſenté un fauteuil, il fut encore quelques momens ſans ouvrir la bouche : enfin levant les yeux ſur moi,

m'apprendrez-vous , me dit-il , à pénétrer les
horreurs qui m'environnent? Et lorſque je vois
votre frere noyé dans ſes larmes , après avoir
percé le ſein de ma fille , ſur lequel de ces deux
témoignages faut-il que je juge de ſes ſentimens?
Je ne vous déguiſerai point , reprit-il , que ma
colere & ma haine étoient au comble. Et peut-
on s'imaginer en effet quelqu'outrage que je
n'aie pas reçu de votre famille? Cependant je
me trouve arrêté dans mes projets de vengeance par un événement qui devoit les précipiter ,
& je cherche moi-même ce qui peut avoir ſuſ-
pendu mon reſſentiment. Votre frere a-t-il un
charme , continua-t-il , pour tromper ſucceſſi-
vement la fille & le pere? Dites-moi ce qu'il
prétend par cet excès de douleur où je le vois
livré , par ces plaintes continuelles de ſon ſort ,
par ces ſoupirs & ces pleurs qui ont eu la force de m'attendrir ; & s'il avoit entrepris de ſe
jouer encore de la crédulité de Sara , ne vous
joignez point à lui pour nous trahir.

Je confeſſe , ajouta-t-il , que l'ayant vu hier
pour la premiere fois , j'ai ceſſé d'accuſer le
goût & l'inclination de ma fille. J'avois regardé le portrait qu'elle me faiſoit de lui comme l'exagération d'une femme paſſionnée , qui
cherche à juſtifier un indigne attachement par
les chimeres de ſon imagination ; mais cette
phyſionomie noble & intéreſſante eſt une trahiſon de la nature , ſi elle cache une ame double & perfide. J'ai été ſi frappé de l'air d'hon-
nêteté & de tendreſſe qui eſt répandu dans
tous ſes traits , que j'ai ſoupçonné Sara d'avoir
négligé quelque choſe pour lui plaire au commencement de leur mariage , & d'avoir perdu
par ſa faute un cœur qui ne paroît pas fait pour
ſe rendre heureux par le mépris du devoir. C'eſt

G 3

à vous, reprit-il encore, à m'apprendre librement si ma fille est tombée dans quelque désordre qui ait été capable d'offenser un mari ; si elle a négligé quelque soin ou violé quelque devoir : s'il s'est oublié lui-même par quelque foiblesse qui puisse être encore réparée par le repentir, s'il l'aime enfin, si j'ai quelque fond à faire sur les sentiments qu'il affecte à mes propres yeux depuis le malheur qu'elle s'est attirée par son imprudence. Car il est si clair qu'il n'est pas volontairement coupable, que je n'ai pu lui en faire un crime.

De tant d'étranges confidences l'air & le ton dont elles furent prononcées ne fut pas ce qui me causa le moins d'étonnement. Loin d'y reconnoître ce terrible Fincer dont j'apprenois tous les jours en tremblant quelque nouvelle violence, je vis un homme consterné de tendresse & d'inquiétude, qui m'intéressa même à ses peines par l'ingénuité de son discours. A la vérité je fis réflexion que des mouvements passagers ne changeoient rien au fond du caractere ; mais plus cette pensée m'inspira de défiance, plus je me crus obligé de tirer parti de la disposition où je le voyois, en flattant des espérances auxquelles il paroissoit si sensible ; je lui confirmai tout ce qu'il pensoit à l'avantage de mon frere, & si je n'osai répondre absolument des vues qui l'attachoient si constamment auprès de Sara, je n'éloignai point les inductions qu'on en pouvoit tirer pour quelque heureuse révolution. Je m'attachai même avec complaisance à prévenir les objections qui pouvoient naître de son engagement avec mademoiselle de L... ; un mariage auquel il manquoit tant de conditions essentielles me parut un foible obstacle contre le renouvellement de ses pre-

miers nœuds. Je le traitai de badinage profane,
qui n'avoit pu donner la moindre atteinte au
plus faint de tous les engagements; & me livrant
peut-être trop à mes propres défirs, j'allai jufqu'à donner des conseils à Fincer, qui étoient
fans doute ce que je pouvois lui infpirer de
plus propre à foutenir fes efpérances, mais que
je ne devois point hazarder fans pefer mieux
les effets qu'ils pouvoient produire. Comme
nous n'avons à redouter, lui dis-je, que l'afcendant de mademoifelle de L...., rien n'eft
fi important que d'éloigner de mon frere tout
ce qui pourroit lui en rappeller trop vivement
l'idée, & de joindre au penchant qui l'arrête
ici, tout ce que l'adreffe de notre imagination
fera capable de nous fournir pour l'y retenir
long-temps. Fincer faifit avidement cette ouverture, il donna ordre fur le champ qu'on
ne fît parler perfonne à Patrice, & qu'on ne
lui remît même aucune lettre fans ma participation. Les Chirurgiens qui vinrent dans le
même temps lever l'appareil, ayant déclaré que
le danger n'étoit pas diminué, & que Sara ne
pouvoit être gardée avec trop d'attention, je
vis Fincer prêt à s'en réjouir, par l'impreffion
que ce difcours fit fur mon frere, & dans la
penfée que l'ardeur de fes foins redoubleroit
avec fa douleur. Le Comte & la Comteffe de
S.... fe préfenterent inutilement pour rendre ce
qu'ils croyoient devoir à Sara; on leur fit répondre que fa fituation ne lui permettoit point
de les recevoir; & c'étoit moins la foïbleffe de
fa fille que celle de Patrice, que Fincer penfoit
à ménager.

Etant forti pour obferver ce qui fe paffoit au
dehors, je trouvai à quelques pas de la maifon
le valet-de-chambre de mon frere, qui me fit

ſes plaintes de n'avoir point obtenu la liberté de
parler à ſon maître. Je connoiſſois ſa ſageſſe
& ſa fidélité par tant de preuves, que je ne balançai point à m'ouvrir à lui. Ma confiance &
les nouvelles vues que je lui propoſois, rallu-
merent tout le zele qu'il avoit eu pour ſa premiere maîtreſſe. S'ouvrant à ſon tour, il me fit
des excuſes de m'avoir caché les préparatifs du
voyage d'Allemagne, & ce fut alors qu'il m'apprit toutes les circonſtances du projet qui devoit
s'exécuter la nuit précédente. Je n'en remerciai
que plus ardemment le Ciel de l'avoir détour-
né par des voies ſi ſupérieures à notre vaine
prudence. Ce garçon s'étoit déjà rendu au
couvent de mademoiſelle de L...; & ſuivant
les ordres qu'elle lui avoit laiſſés en quittant ſa
maiſon, il lui avoit raconté les ſuites du
tragique accident dont elle avoit été témoin.
L'ardeur de Patrice à ſuivre Sara, & ſa perſé-
vérance à paſſer toute la nuit dans la maiſon de
Fincer, avoient fait une vive impreſſion ſur elle. Il lui étoit échappé quelques murmures que
le valet-de-chambre me rapporta, & dans ſon
mécontentement elle l'avoit chargé d'une lettre pour mon frere, qui contenoit apparemment
d'autres plaintes. La diſcrétion m'empêcha de
l'ouvrir. Mais formant ſur cette connoiſſance
un deſſein que je priai le Ciel de ſeconder, j'or-
donnai au valet-de-chambre, après lui avoir
communiqué mes vues, de retourner au lieu
d'où il venoit, & de rapporter ſimplement à mademoiſelle de L... que non-ſeulement mon frere ne penſoit point à quitter la fille de Fincer,
mais qu'il étoit trop occupé de ſa douleur & de
ſes ſoins pour trouver le temps de répondre à ſa
lettre. Le ſcrupule qui me vint ſur les agitations jalouſes où j'allois jetter volontairement

mademoiselle de L... fut levé par le souvenir
de tant d'amertumes & de tourments qu'elle
avoit causés avec bien moins de justice & d'innocence à la malheureuse Sara. Il faut s'attendre, dis-je à mon confident, qu'elle redouble-
ra ses plaintes & ses lettres. Ecoutez tranquillement les unes, recevez les autres. Ne répon-
dez à ses plaintes qu'en excusant mon frere sur
la profonde tristesse où il est plongé ; & pour
l'excuser encore du peu d'attention qu'il paroî-
tra faire à ses lettres, faites valoir l'intérêt &
le zele qui l'attachent continuellement au soin
d'une personne dont il est si sûr d'être aimé.
C'en étoit assez pour un homme intelligent, qui
saisit aussi-tôt toute l'étendue de mon projet.

Peut-être l'aurois-je suivi jusqu'au couvent,
dans l'impatience où j'étois de l'entendre à son
retour, si je n'eusse été averti par un laquais du
Comte de S... que j'étois attendu chez lui par
deux couriers. L'un m'étoit envoyé de Saint-
Germain par monsieur de Sercine , sur l'ordre
du Roi qui souhaitoit de me voir avant la fin du
jour. L'autre étoit celui que j'avois dépêché
trois jours auparavant à Mylord Tenermill ,
pour lui communiquer des espérances qui se
trouvoient entiérement renversées dans un
espace si court. L'un & l'autre me faisant attendre des nouvelles importantes, je me rendis
promptement chez le Comte, où rien ne fut
moins propre à me satisfaire que les explications avec lesquelles on m'accueillit.

Le courier de qui j'attendois des nouvelles
de Tenermill, m'apprit qu'ayant fait nuit & jour
une prodigieuse diligence, il étoit arrivé à Dun-
kerque au moment que l'escadre se mettoit en
mer. N'ayant pas désespéré néanmoins de gagner le vaisseau de mon frere avant qu'il se

G

fût éloigné du port, il s'étoit mis dans une cha-
loupe, qui à force de rames l'avoit heureusement porté à bord. Tenermill n'avoit point
appris le sujet d'un si prompt message sans donner des marques extraordinaires de surprise &
d'émotion. Cependant après s'être long-temps
agité, il s'étoit assez remis pour m'écrire tranquillement une lettre que je reçus du courier.

Ses premieres lignes étoient une courte réponse au reproche que je lui avois fait dans la
mienne de m'avoir annoncé comme ouvertement la guerre, & d'être parti en effet avec
toutes les apparences d'une haine déclarée. Il
m'assuroit que c'étoit un sentiment dont il n'é-
toit pas capable à l'égard d'un frere. Mais pour
une résolution ferme de rompre toute liaison
avec moi, & d'écouter aussi peu mes conseils
que mes maximes, il l'avoit emportée au fond
du cœur, me disoit-il, & l'avenir ne pouvoit
servir qu'à la fortifier. S'il avoit employé d'ailleurs quelque expression trop dure, je ne devois l'attribuer qu'à la premiere chaleur d'un
juste ressentiment. Etois-je donc résolu de faire
éternellement le supplice de ma famille par les
mouvements d'une piété aveugle qui faisoit sans
doute aussi le mien, & de ruiner la fortune de
mes freres en troublant toutes leurs espérances
par mes inquiétudes & mes clameurs perpé-
tuelles ? Il ne vouloit que l'exemple présent
pour me faire sentir que le zele est un guide
dangereux sans la prudence; ou, si ce terme
m'offensoit encore, sans certaines lumieres
qui ne se tirent ni de la religion ni de l'étude
des livres, & que je ne pouvois jamais acqué-
rir avec mes préventions. A quoi pensois-je,
lorsque le service du Roi l'appelloit hors de

France, c'est-à-dire au moment que l'honneur & le devoir l'obligeoient à partir, de venir réveiller dans son cœur tout ce que je connoissois de plus propre à lui faire regretter son départ ? Je n'ignorois point l'ardeur de sa passion pour Sara ; étoit-ce le temps de l'irriter par des espérances auxquelles il se gardoit bien de se livrer lorsqu'elles lui venoient d'une main si suspecte, mais capables néanmoins de le troubler incessamment pendant son voyage ? Elles avoient mis une cruelle division dans son ame. Il avoit frémi de la nécessité où il étoit de continuer sa route. Heureusement l'honneur & la raison ; car c'étoient-là des guides plus sûrs que mon zele, lui avoient fait trouver assez de force pour les suivre. S'il étoit vrai néanmoins qu'il y eût quelque chose à espérer pour lui, si le cœur & la main de Sara étoient encore des biens auxquels il lui fût permis d'aspirer, il me conjuroit de ne pas nuire dans son absence à de si favorables dispositions. Et venant par divers détours à un compliment qu'il paroissoit me faire à regret, il sentoit bien, ajoutoit-il, que malgré toutes ses plaintes, il n'y auroit point de droits que je n'acquisse sur son cœur à ce prix.

La scene étant changée depuis tant de nouveaux événements, je ne trouvai rien dans cette lettre, à la premiere lecture, qui pût arrêter l'impatience où j'étois d'apprendre les ordres du Roi par le billet de monsieur de Sercine. L'ayant reçu du courier, non seulement je n'y vis rien d'assez clair pour satisfaire ma curiosité ; mais comme si l'on eût pris plaisir à redoubler mes agitations, les termes en étoient si équivoques, qu'il me fut impossible de démêler si c'étoit à la bonté du Roi ou à son mécontentement que je devois attribuer l'attention qu'il paroissoit faire à moi.

Je ne me rendis pas avec moins de diligence à Saint Germain. En relisant dans ma chaise la lettre de Tenermill, je fus frappé, je l'avoue, du raisonnement par lequel il me vouloit prouver que mon zele manquoit quelquefois de lumiere. Il m'étoit échappé la premiere fois ; mais je le trouvai si juste dans l'exemple que j'ai rapporté, que ne pensant pas même à me défendre contre ma propre conviction, je tournai les yeux vers d'autres parties de ma conduite où je tremblois déjà d'avoir blessé avec aussi peu de mesure quelque regle de charité ou de prudence. Cet examen m'occupa pendant toute la route. Je ne demande point d'être excusé, disois-je en moi-même ; ils me trouveront toujours prêt à confesser mes fautes, toujours prêt à recevoir d'eux-mêmes les avis & les leçons qui peuvent m'instruire de ce que j'ignore : mais leur ferai-je goûter de même ce que je m'efforce de leur apprendre, ou ce que je leur vois trop souvent violer par un mépris plus coupable que l'ignorance, les saints devoirs de leur religion, les principes qui forment l'honnête homme aux yeux de Dieu, & sans lesquels toutes les connoissances dont ils se vantent, ne forment qu'une science misérable & inutile? Qu'ils apprennent de moi à respecter les loix du Ciel, & je leur promets toute l'attention qu'ils demandent aux regles établies par la prudence des hommes.

Cependant en continuant de penser comme je le devois, que la science de la religion mérite seule notre estime & notre étude, je me condamnai d'avoir effectivement trop négligé tout ce qui ne s'y rapportoit point d'une maniere sensible, & de n'avoir pas cherché du moins à cette science du monde, que je méprisois avec

raifon , en la fuppofant contraire aux principes
de l'Evangile, ne pouvoit point s'accorder avec
eux par quelque conciliation que je n'avois pas.
approfondie. Quoiqu'il fût naturel de m'y figurer d'autant plus de difficulté , que l'Evangile
même infpire à chaque page la haine du monde & de fes maximes, des reproches que je trouvois juftes de la part de Tenermill dans un cas
où l'intérêt de la religion n'étoit pas mêlé en apparence , me firent juger qu'il y devoit avoir
un rapport réel, quoique moins fenfible, puifqu'il n'y a rien de jufte qui ne remonte à la
religion comme à fa fource. Je n'eus pas de
peine à trouver après cette réflexion , par quel
enchaînement l'efprit de l'Evangile s'étend juf-
ques aux plus fimples attentions de la fociété.
C'eft un efprit d'ordre, qui veut que tous les
devoirs foient remplis , & qui les embraffe
tous, malgré la différence de leur efpece &
de leurs degrés , en leur propofant à tous le
même objet pour derniere fin. Ainfi lorfque
mon zele pour rétablir la paix de notre famille
par le mariage de Tenermill , m'avoit porté à
réveiller fa tendreffe au moment de fon départ ,
il avoit été indifcret. Je n'avois bleffé ouvertement que la prudence humaine en m'expofant
à refroidir fon courage dans une occafion d'honneur ; mais cette forte d'honneur fe rappor-
tant à la religion par l'utilité dont il eft pour
le maintien de la fociété, c'étoit à la religion
même que j'avois porté indirectement quelque
atteinte.

N'eft-ce pas trop vanter ici mon caractere ,
que de me peindre avec tant de fimplicité de
cœur & tant d'amour pour la vérité & la juftice , que ce fut une vive fatisfaction pour moi
de m'être convaincu que Tenermill avoit rai-

son ? Il reſtoit néanmoins à faire l'application du
nouveau principe dont j'avois reconnu la vérité
aux circonſtances des événemens & au détail
de ma conduite ; car en formant la réſolution de
déférer davantage aux regles de la prudence
humaine , je n'en demeurois pas moins ferme à
les rejetter lorſqu'elles me paroîtroient oppoſées
à celles de la religion.

Dès le même jour j'éprouvai que cette étude a des difficultés qui doivent rendre le commerce du monde extrêmement pénible pour
ceux qui cherchent à ménager des intérêts d'un
autre ordre. En arrivant à la Cour , j'appris de
M. de Sercine ce qu'il ne m'avoit point expliqué par ſon billet. Patrice n'avoit pas tourné
ſi abſolument ſon attention du côté de l'Allemagne, qu'il eût oublié ce qu'il devoit au Roi.
A la veille de ſon départ il avoit penſé que c'é-
toit s'expoſer à lui déplaire que de s'éloigner
ſans ſon conſentement ; & craignant néanmoins
quelque obſtacle de la part de ce Prince s'il
ſe préſentoit lui-même à Saint Germain , il
avoit prié ſon ami Angleſey , qui étoit toujours
en France avec ſes ſœurs , de ſe charger des
témoignages de ſon reſpect & de ſa ſoumiſſion.
Angleſey avoit accepté cette commiſſion ; mais
n'étant informé qu'à demi du ſujet de ſa retraite , il n'avoit pu ſatisfaire aux queſtions du
Roi , qui l'avoit interrogé avec beaucoup de
curioſité. C'étoit pour lui porter des informations plus certaines que j'étois appellé par ſon
ordre , & M. de Sercine me fit entendre d'un
air à m'alarmer , que la curioſité n'étoit pas
le ſeul motif qui lui faiſoit ſouhaiter de me voir.

Cette préparation augmenta l'embarras où
j'avois déjà craint de me trouver en ſa préſence. Quelles ouvertures devois-je lui faire ? A

quel point cette prudence humaine, dont je
fentois plus que jamais la néceffité, m'obligeoit-
elle de m'arrêter ? J'avois mille chofes à diffimuler pour l'intérêt de Patrice, mille chofes
à expliquer, mille à efpérer & mille à craindre.
Jufqu'alors toutes mes agitations & tous mes
foins avoient été renfermés dans un petit cer-
cle de perfonnes avec lefquelles j'avois toujours
vécu & que je connoiffois familiérement. Ici
la fcene m'offroit des objets tout nouveaux, &
mes idées de religion ne m'empêchoient pas
de penfer que j'allois paroître devant ce que la
terre a de plus refpectable. J'ignore de quelle
maniere ma raifon & ma fermeté naturelle m'auroient fervi fi le Roi eût commencé, comme
je m'y attendois, par des reproches & des plaintes. Mais ce bon Prince ne me préparoit que
des faveurs. Avant que de m'interroger fur le
voyage de mon frere, il me dit que n'ayant
point encore paru à S. Germain, je ne devois
pas me plaindre d'avoir eu fi peu de part à fes
bienfaits, & que je l'avois mis dans la néceffité de me faire chercher, pour m'accorder près
de fa perfonne une place d'Aumônier ordinaire qu'il me deftinoit depuis long-temps. Il y
joignit une penfion qui fuffifoit pour me faire
vivre avec décence ; & prévenant l'objection
que j'aurois pu tirer des liens que j'avois en
Irlande, il me confeilla de me défaire inceffamment de mon bénéfice.

Il continua de s'étendre fur mon éloge & celui de mes freres, en affectant d'interrompre les
mouvements de ma reconnoiffance ; & lorfqu'il fut enfin venu au départ de Patrice, il
ne m'en témoigna de regret que parce qu'il
perdoit l'occafion de l'attacher à fa Cour dans
un pofte qui convenoit, me dit-il fans le nom-

mer, à un homme de ſon mérite & de ſa naiſ-
fance. Ses queſtions ne furent pas pouſſées plus
loin ; & comme s'il eût appréhendé de me jetter dans les embarras que je redoutois , il ne
me parla pas même du malheur qui avoit mis
tant de trouble dans notre famille , & qu'il
croyoit terminé.

Ainſi la bonté de ce Prince m'épargna les
peines auxquelles je m'étois attendu. Il me fut
facile après ſon diſcours de tourner mes remer-
ciemens d'une maniere qui ne m'expoſoit point
à retomber dans le péril que j'avois évité. Je
lui appris que le voyage de Patrice étoit différé,
& peut-être tout-à-fait rompu ; & j'ajoutai pour
l'excuſer, que les raiſons qui l'avoient fait penſer à partir étoient devenues moins preſſantes.
Qu'il ſoit donc ici demain, reprit le Roi, &
comptez que ce que je veux faire pour ſa fortune achevera de lui faire oublier ſon voyage
d'Allemagne.

J'aurois pris occaſion de cet ordre pour retourner ſur le champ à Paris, ſi M. de Sercine ne m'eût fait entendre que ce ſeroit mal répondre à la bonté du Roi que de ne pas demeurer à lui faire ma cour juſqu'à l'heure où
il avoit accoutumé de ſe retirer. Je paſſai tout
le temps qu'il fut à table , & une partie de la
nuit, à l'entretenir de l'état où j'avois laiſſé
l'Irlande. Ayant appris la mort de Mylord Linch,
il m'en demanda les circonſtances ; & ce récit
étant lié néceſſairement avec celui de nos dernieres aventures , je me trouvai engagé dans
une narration dont j'aurois ſouhaité de pouvoir
me diſpenſer. Cependant elle me conduiſit à
un ſujet plus agréable, & qui parut aſſez intéreſſant pour la faire durer beaucoup plus long-
temps. Ce fut la derniere diſpoſition de Linch,

qui m'avoit laissé le maître du dépôt de son
pere. Je fis au Roi la description de toutes les
richesses que j'y avois observées, & nous agi-
tâmes par quels moyens elles pouvoient être
transportées en France.

Il étoit si tard après l'heure du coucher,
que je me rendis aux instances qu'on me fit de
passer le reste de la nuit à S. Germain. Avec
quelle diligence néanmoins ne me serois-je pas
rendu à Paris si j'avois eu le moindre soupçon
de ce qui devoit s'y passer dans mon absence !
Etant même appesanti par le sommeil, je ne me
levai point assez tôt le lendemain pour y arriver avant midi. J'allai descendre chez le Comte de S.... avec toute la joie que je devois res-
sentir d'avoir tant d'heureuses nouvelles à lui
communiquer ; mais les apparences de douleur
& de trouble que je remarquai en entrant dans
sa maison, me firent juger tout-d'un-coup que
c'étoit à la douleur & à la patience que je devois me préparer.

M'étant assuré que le Comte étoit chez lui,
je n'osai interroger davantage les domestiques
à qui je l'avois demandé. Une circonstance al-
térée dans leur bouche pouvoit grossir ou diminuer mal-à-propos mes craintes. J'abordai
le Comte, & l'air dont il me reçut m'en apprit
presqu'autant que ses premieres paroles : jugeant à mon silence que je n'étois encore informé de rien : il est arrivé, me dit-il, des
changemens bien funestes pendant votre absence ; Fincer est mort ce matin d'une attaque d'a-
poplexie, ou plutôt d'un transport de fureur
qui l'a étouffé sur le champ ; votre frere est
disparu, sans qu'il m'ait été possible d'apprendre
encore la cause de son évasion, ni ce qu'il est
devenu : ma femme, continua le Comte, est au-

près de Sara , que j'ai quittée moi-même il n'y a
qu'un moment , & qui ignore encore la mort de
son pere & la fuite de Patrice. Il est à craindre que
ces deux nouvelles n'achevent de ruiner le peu
de forces qui lui restent. Allez prendre soin de
cette infortunée : cet emploi vous convient
mieux qu'à moi , ajouta-t-il , car je n'ai pu sou-
tenir la vue de tant d'objets tristes & touchants
qui m'ont pénétré le cœur dans cette maison.

Il me pressa de partir ; mon supplice auroit
été qu'il eût voulu m'arrêter. Dans l'agitation
de mille projets tumultueux que de si terribles
craintes me firent former en un moment , j'aurois souhaité de pouvoir me transporter sur le
champ dans cent lieux , & me livrer tout à la
fois à mille soins différents. Mais à quel parti
m'arrêter entre tant de désirs qui me divisoient
cruellement ? J'étois déjà sorti sans résolution
fixe , lorsque tournant la tête au bruit que j'entendis derriere moi , j'apperçus le valet de
chambre de Patrice qui accouroit pour me joindre , & qui me saisit le bras pour se donner le
temps de reprendre haleine , comme si, dans la
joie qu'il avoit de me voir , il eût craint que je
pusse encore lui échapper. Il arrivoit en poste
de Saint Germain , où il avoit espéré de me
trouver , & de me faire précipiter mon retour.
Je le conjurai de parler ; mais ce qu'il commençoit à me dire supposant que j'étois informé de tout ce que j'ignorois , je l'interrompis
pour lui demander un récit exact & capable de
régler ma conduite. Nous nous arrêtâmes au
coin d'une rue déserte.

Votre présence , me dit-il , ne nous auroit
pas garanti d'un malheur que toute la sagesse
du monde ne pouvoit prévoir , & qu'il étoit
par conséquent impossible d'éviter ; mais elle est

si nécessaire pour en arrêter les suites, que je ne vois plus que vous de qui ce miracle puisse être attendu. Il continua de me raconter avec combien de mesures & de précautions il avoit exécuté les ordres que je lui avois donnés la veille. Mademoiselle de L....... n'avoit conçu que trop vîte tous les sentiments qu'il s'étoit efforcé de lui inspirer. En lui apprenant avec quelle assiduité & quelle ardeur Patrice rendoit ses soins à Sara, il avoit affecté d'employer tous les termes qui conviennent à l'amour, & e'le n'en avoit pas entendu un qui n'eût fait entrer dans son cœur quelque semence de jalousie. Lorsqu'il lui avoit déclaré ensuite que non-seulement il ne lui apportoit point de réponse à sa lettre, mais qu'on ne l'avoit pas même chargé d'une simple excuse, ni du moindre compliment qui pût lui marquer qu'on s'occupât d'elle, une apparence si formelle d'indifférence & d'oubli ne tarda guere à lui paroître une trahison. Cependant comme s'il n'eût pensé qu'à justifier son maître, il avoit rejetté cette négligence sur la douleur & la consternation dont il l'avoit vu pénétré. Chaque trait ajouté à cette image avoit été comme une étincelle qui avoit enflammé tous les mouvements de mademoiselle de L...; & dès cette premiere résolution son dépit avoit été si vif, qu'elle n'avoit pu retenir ses larmes.

Elle avoit pris néanmoins quelque chose sur elle-même, & sans faire éclater encore ses défiances, elle s'étoit arrêtée au parti d'écrire sur le champ une seconde lettre à mon frere. L'adroit messager l'avoit reçue, & reparoissant quelque moments après avec la même réponse qu'il avoit apportée pour la premiere, il avoit redoublé un feu qui n'avoit fait que s'ac-

croître pendant son absence. Alors les gémis-
sements & les plaintes avoient commencé à trahir un ressentiment qu'on n'avoit plus eu la force de modérer. Si l'on avoit repris la plume
après beaucoup d'irrésolutions, c'avoit été
pour accabler de reproches un ingrat, dans lequel on craignoit de trouver bientôt un perfide ; & sans lui laisser d'autre parti à choisir
que l'obéissance, on exigeoit qu'il abandonnât
sur le champ tout ce qui avoit été capable de
l'arrêter, pour apporter lui même au couvent
des explications qu'on ne vouloit pas remettre
jusqu'au lendemain. Cette troisieme lettre, &
celles qui la suivirent, eurent le sort des pré-
cédentes, avec cette différence que le valet
de Patrice jugeant de ce qu'elles contenoient
par les ordres dont on le chargeoit en les lui
remettant, ajoutoit chaque fois à sa réponse
quelque circonstance plus propre encore à l'effet qu'il s'étoit proposé. Enfin passant même
les bornes que je lui avois prescrites, il avoit
été jusqu'à feindre que son maître avoit refusé de recevoir la derniere lettre, & qu'il s'en
étoit plaint comme d'une importunité qu'il
souhaitoit absolument de voir finir.

Les alarmes de mademoiselle de L.... s'é-
toient changées en certitude d'être lâchement
trahie. Elle n'en avoit point ménagé les termes, dans la présence même du valet. L'air
calme & méprisant qu'elle avoit affecté n'avoit
été que le déguisement d'un excès de fureur.
Dans ce premier transport elle n'avoit pensé
qu'à sauver son honneur, en s'éloignant d'un
lieu où elle s'attendoit de se voir bientôt la
fable du public. Tous ses préparatifs étant faits
pour le voyage d'Allemagne, elle avoit pris
la résolution de partir dès la nuit suivante, &

elle n'avoit pas choisi d'autre confident que le valet de mon frere pour en faire avertir ses gens.

Un dénouement si peu attendu auroit été, comme il se l'imagina, la plus précieuse faveur que nous pussions attendre du Ciel, si le ressentiment de mademoiselle de L..... se fût soutenu dans le même degré de chaleur jusqu'au moment de l'exécution. Elle seroit partie sans doute avec tant de fierté & de dédain, qu'elle auroit regardé comme une lâcheté indigne d'elle de donner le moindre avis de son départ à mon frere ; mais pendant quelques heures dont on eut besoin pour disposer son équipage, elle ne put penser qu'elle alloit perdre un bonheur dont elle s'étoit crue si sûre, & qu'elle avoit acheté si cher, sans se sentir plus amollie par ses regrets, qu'elle n'avoit été irritée par sa fureur & son indignation. Si les réflexions auxquelles elle s'abandonna ne lui firent pas perdre la résolution de partir, il lui fut impossible de quitter Paris sans satisfaire encore une fois son cœur en marquant ses derniers sentiments à mon frere. Et quelle devoit être une lettre inspirée par tant de passions dans des circonstances si violentes ! Mais persuadée comme elle étoit qu'il avoit refusé de lire sa derniere, & craignant le même sort pour celle-ci lorsqu'il la recevroit de la main de son valet de chambre, elle en chargea une personne affectionnée qu'elle laissoit à Paris pour achever ses affaires. Le soin qu'elle prit de l'instruire, & la chaleur qu'elle mit dans ses instances, inspirerent tant de zele à ce nouveau messager, qu'il surmonta tous les obstacles. Elle lui avoit recommandé non-seulement de pénétrer dans la maison de Fincer, malgré les efforts

qu'on pourroit faire pour lui en interdire l'entrée, mais de feindre , en remettant sa lettre
à Patrice , que c'étoit moi qui l'avois reçue , & qu'elle contenoit des affaires importantes. Peut-être se flattoit-elle encore que la
nouvelle de son départ feroit quelque impression sur un cœur où le souvenir de tant d'a-
mour & de serments ne pouvoit être effacé ;
& cette espérance fit tant de progrès dans le
sien, qu'elle lui fit suspendre jusqu'au lendemain sa résolution.

L'unique point qui échappa à ses précautions,
fut d'avertir son confident qu'elle pourroit remettre effectivement son départ au lendemain.
L'ayant vue déterminée à partir pendant la
nuit, & trouvant ses gens & sa voiture à la porte du couvent lorsqu'il en sortit pour exécuter ses ordres, il regarda la commission dont il
étoit chargé comme une affaire qui appartenoit
à l'avenir, & qui demandoit moins de diligence que de fidélité & de certitude : ce qui n'empêcha point que le même soir il ne se pré-
sentât à la porte de Fincer ; mais l'obscurité
faisant redoubler la garde aux domestiques, il
conçut qu'il n'avoit de facilité à espérer que
pendant le jour. Il ne précipita rien dans le
cours de la matinée ; & tandis que mademoiselle de L.... mouroit d'impatience en attendant
son retour , il étoit aux environs de la maison
de Fincer à chercher les moyens de tromper
la vigilance du portier.

Enfin s'étant introduit sans être apperçu, il
monta au hazard dans le premier appartement :
c'étoit celui de Sara, où il ne put manquer de
découvrir aussi-tôt Patrice. Il l'y trouva seul ,
dans l'abattement où il devoit être après avoir
passé un jour & deux nuits sans un moment de

repos, & presque sans nourriture. Le jugement des Chirurgiens n'étant pas devenu plus
favorable, il sembloit que la continuation du
danger eût fixé invinciblement toute son attention sur l'objet qu'il avoit devant les yeux. A
peine s'apperçut-il qu'on lui faisoit signe de passer un moment dans l'antichambre. Il y passa
néanmoins lorsqu'il eut reconnu la personne
qui l'appelloit ; & loin de rejetter la lettre qui
lui fut présentée, il l'ouvrit sans demander la
moindre explication.

Il étoit vrai que malgré toute l'ardeur de ses
soins, malgré la douleur qu'il ressentoit de sa
funeste aventure, enfin malgré la compassion
dont il étoit pénétré pour Sara, sa tendresse
pour mademoiselle de L....... étoit la passion
dominante de son cœur, & que ce qui avoit
été capable de la suspendre n'avoit pas eu la
force de la diminuer un moment. Il avoit su,
en quittant sa maison, qu'elle avoit pris le parti
de retourner au couvent. Il avoit approuvé sa
conduite ; & se la figurant tranquille dans cette
retraite, il n'avoit suivi que le mouvement de
sa bonté naturelle, & sans doute les remords
d'un crime involontaire, en rendant à Sara des
soins dont il avoit cru que rien ne pouvoit le
dispenser. Quelle fut donc sa surprise aux premiers mots d'une lettre où il n'apperçut que
le langage de l'indignation & de la fureur !
Combien s'accrut-elle encore, lorsqu'il se vit
reprocher des insultes, de la trahison, du par-
jure, & tous les sentiments odieux auxquels on
attribuoit le changement dont on le supposoit
coupable ! On lui parloit de dix lettres dont il
n'avoit pas la moindre idée, & d'une passion
nouvelle dont il ne pouvoit s'imaginer l'objet.
Etoit-ce une illusion de ses yeux ou de sa mé-

moire ? Dans le faiſiſſement où le mettoient
tant d'étranges imputations, la force lui manquoit pour interroger celui qui venoit de lui
apporter ſa lettre. Mais avec quelle vivacité
ſortit-il de cette langueur, lorſqu'il vint à lire,
après mille autres reproches, qu'on étoit déterminée à s'éloigner de lui pour jamais ? On ne
lui parloit point de cette réſolution comme d'u-
ne menace. La voiture étoit prête, on brûloit de partir pour rompre éternellement avec
un perfide. Il jetta un œil furieux ſur le meſſa-
ger; & le preſſant de lui expliquer une ſi terrible
déclaration, ſon tranſport ne connut plus de bornes, lorſqu'il entendit que mademoiſelle de L...
étoit partie la veille, & que dans l'impatience
qu'elle avoit marquée de ſortir du royaume,
elle devoit déjà être fort éloignée de Paris.

Il n'y eut point de motif aſſez fort pour modérer un emportement qui étoit parvenu ſi vîte
à cet excès. La malheureuſe Sara fut oubliée.
Après avoir interrogé bruſquement le meſſa-
ger ſur ces lettres qu'on l'accuſoit d'avoir re-
fuſé de lire ou d'avoir reçues avec mépris, il
voulut ſavoir quel étoit le téméraire, entre les
domeſtiques de Fincer ou les ſiens, qui avoit
oſé ſe charger de cette impoſture. Ne trouvant
perſonne à lui, par le ſoin qu'on avoit eu d'é-
carter tous ſes gens, Fincer & tout ce qui lui
appartenoit ne lui devint que plus ſuſpect. Il
deſcendit l'eſcalier, pour accabler de reproches
& d'injures tous les domeſtiques de la maiſon.
Le bruit étant allé malheureuſement juſqu'à
Fincer, qui parut auſſi-tôt pour s'informer de ce
qui ſe paſſoit chez lui, il ne le traita pas avec
plus de ménagement ; & ſans lui déguiſer même la cauſe de ſa fureur, il le quitta en le me-
naçant de ſa vengeance.

Jamais

Jamais les transports de la colere ne furent
si contagieux. Fincer avoit d'abord marqué plus
de surprise & plus de saisissement que d'indignation ; mais lorsqu'ayant entendu le sujet de
tant d'emportement, il vit mon frere quitter
sa maison, & se précipiter vers celle où il s'i-
maginoit que la rivale de sa fille étoit encore, il s'emporta lui même à de si furieux excès de rage, que ses forces n'y résistant pas
plus que sa raison, il tomba sans connoissance
entre les bras de ses domestiques. Les secours
furent inutiles. Il expira sans pouvoir prononcer un seul mot. Dans ces tragiques circonstances la bonté du Ciel inspira assez de présence d'esprit à quelqu'un de ses gens pour fermer l'appartement de Sara, & lui dérober la
connoissance d'un malheur qui l'auroit exposée
au même sort que son pere. Ce fut avec la même sagesse qu'on fit avertir le Comte & la Comtesse de S.... qu'ils ne pouvoient se rendre trop
promptement auprès d'elle. On s'efforça d'é-
loigner de son esprit & de ses yeux tout ce qui
étoit capable de troubler le repos qui lui étoit
nécessaire.

Patrice auroit eu besoin pendant ce temps-là
des mêmes attentions & du même secours. Il
avoit gagné si rapidement la maison de mademoiselle de L..., que personne n'avoit pensé
à le suivre. Il l'avoit trouvée déserte ; son valet de chambre, toujours attentif aux événements, étoit le seul de ses domestiques qui
n'avoit pas profité de son absence pour s'écarter ; mais l'ayant apperçu d'une fenêtre, & ne
pouvant deviner ce qui l'amenoit avec tant de
précipitation, il ne se hâta point de paroître.
Tremblant avec raison pour le succès de son artifice, il aima mieux lui laisser le temps d'ap-

prendre le départ de mademoiſelle de L... de la bouche d'un autre, que de ſe charger d'une entrepriſe ſi délicate ; & toujours perſuadé lui-même qu'elle étoit partie la veille, peut être penſoit-il moins à l'impreſſion que cette nouvelle pouvoit faire ſur ſon maître, qu'à déguiſer les moyens dont il s'étoit ſervi pour la conduite de ſon intrigue. Cependant après s'être fait appeller p'uſieurs fois, il ne put ſe diſpenſer de répondre. L'air timide dont il ſe préſenta devoit faire naître à Patrice autant de ſoupçons que ſa lenteur ; mais s'il y fit attention, ces marques d'embarras paſſerent à ſes yeux pour le ſimple effet d'une aventure à laquelle il étoit naturel qu'un domeſtique affectionné parût prendre quelqu'intérêt.

Comme il reſtoit une partie des meubles de mademoiſelle de L... à Paris, & que l'opinion de ſon départ n'avoit encore rien changé à l'ordre de la maiſon, Patrice y retrouva ſa chambre. Ce fut là qu'il ſe rendit, ſans avoir donné d'autre ordre au portier que de faire venir ſes gens. Il s'y jetta dans un fauteuil en les attendant ; & ſes plaintes furent ſi peu ménagées, que le valet de chambre, qui s'étoit approché timidement, en avoit aſſez recueilli pour comprendre qu'il étoit déjà bien informé.

Le courage revint à ce garçon en ſe voyant demander tous les ſecours de ſon eſprit & de ſon zele. Il affecta de paroître diſpoſé à les rendre ; & flattant les premiers mouvemens de ſon maître, pour s'aſſurer enſuite plus de facilité à les combattre, il n'oppoſa rien à la réſolution qu'on lui marqua d'abord de prendre ſur le champ la poſte, & de ſuivre les traces de mademoiſelle de L.... juſqu'en Allemagne.

Cependant lorſqu'il vit paſſer les réflexions

de mon frere fur les circonftances de fon infortune , & particuliérement fur la trahifon qu'il
fe croyoit en droit de reprocher à Fincer , il
l'interrompit par diverfes objections , autant
pour éloigner un difcours qu'il ne pouvoit entendre fans confufion , que pour revenir au deffein qu'il avoit de le détourner du voyage
d'Allemagne. Il lui fit naitre tant d'incertitude fur la route que mademoifelle de L... avoit
choifie , & par conféquent tant de difficultés
contre l'efpérance de la rejoindre , qu'il le fit
confentir à différer du moins fon départ jufqu'au lendemain , pour fe donner le temps , lui
dit-il , d'approfondir les changements qu'elle
pouvoit avoir mis, non-feulement dans fa route,
mais même dans fes projets d'établiffement. Il
le conjura de fe repofer fur lui de ce foin ; &
l'ayant confirmé habilement dans toutes les
idées qu'il eut l'adreffe de lui infpirer , il le quitta , fous prétexte de ne pas perdre un moment
pour répondre à fon impatience.

C'étoit fon propre trouble & la crainte de fe
trahir qui lui caufoit cet empreffement. Au
lieu des foins qu'il avoit promis , & dont il
croyoit connoître l'inutilité , il en prit pour
arrêter les foupçons de fon maître , & pour
fe mettre à couvert de fon reffentiment. Sa
premiere démarche fut de paffer chez Fincer ,
où il fe flattoit d'apprendre par quelle voie mon
frere avoit reçu de fi fidelles informations. Il
n'y apprit que le tragique accident qui tenoit
encore toute la maifon en alarme ; & comme
il avoit pris congé de mademoifelle de L....
avant qu'elle eût pris la réfolution d'écrire
pour la derniere fois à Patrice , il tira peu de
lumieres de la defcription qu'on lui fit d'un
inconnu qui s'étoit introduit dans la maifon

H 2

avec une lettre fatale, à laquelle on attribuoit
tout le désordre. Cependant ce récit lui fit naître des inquiétudes. De qui cette lettre pouvoit-elle venir, si ce n'étoit de mademoiselle
de L... ? Et n'ayant été rendue que depuis un
quart-d'heure, comment mademoiselle de L...
avoit-elle pu l'écrire, si elle étoit partie la veille
au moment qu'il l'avoit quittée? Dans ce doute,
qui étoit capable de l'agiter mortellement, il
prit le parti de se rendre au couvent où il l'a-
voit laissée prête à partir. Le premier objet qui
frappa ses yeux fut sa voiture, qu'elle avoit
fait demeurer à tout événement, quoiqu'elle
eût renvoyé les chevaux à la poste.

Comme elle faisoit dépendre sa résolution
du succès de sa lettre, elle avoit attendu d'heure en heure le retour de son messager ; & lors
même qu'elle avoit désespéré de le revoir avant
le jour suivant, elle avoit voulu que ses gens
passassent la nuit près d'elle, pour ne pas demeurer un moment à Paris dès qu'elle auroit
perdu quelque foible reste d'espérance. Cette
vue le glaça de frayeur. Il se crut ruiné sans
ressource, & ne pouvant douter que la décou-
verte de son intrigue, qui lui paroissoit désormais inévitable, ne le fît détester également de
mademoiselle de L.... & de son maître, il fut
tenté de prendre la fuite pour se dérober éternellement à leurs yeux. En réfléchissant néanmoins sur son malheur, il se souvint que j'a-
vois eu quelque part à sa conduite par les premiers ordres que je lui avois donnés. Quoiqu'il les eût passés avec une hardiesse à laquelle
je n'aurois jamais accordé mon consentement,
il se sentit assez de confiance dans ma bonté
pour compter encore sur ma protection. J'é-
ois malheureusement à Saint Germain ; mais

n'espérant plus rien que de mon secours, il abandonna tout autre soin pour me venir joindre avec une vîtesse incroyable ; & me trouvant parti depuis plus d'une heure, il reprit le chemin de Paris avec tant de diligence, qu'il y arriva presqu'aussi-tôt que moi.

Ainsi, quoiqu'il eût commencé son récit par la triste situation de son maître, je n'eus pas de peine à démêler que la chaleur de son zele avoit deux sources ; & ce que je pouvois penser de plus avantageux pour son caractere, étoit de les croire presqu'égales. La douloureuse impression qui me resta de tant de nouveaux malheurs ne m'empêcha point de lui faire observer d'abord que cette réflexion ne m'échappoit point ; & je lui fis même un reproche d'avoir comme renoncé aux intérêts de mon frere pour mettre les siens à couvert. Car en m'apprenant le dangereux état où il l'avoit laissé, de quelle utilité pouvoit m'être un si long discours pour m'aider à le servir ? J'ignorois ce que mademoiselle de L... avoit pensé des effets de sa lettre, & quelle conclusion elle en avoit tiré pour sa conduite. Le rapport de son messager avoit pu lui paroître assez clair pour dissiper tous ses doutes. Dans cette supposition, ne s'étoit-elle pas hâtée de faire avertir Patrice qu'elle étoit encore à Paris, ou n'étoit-elle pas retournée aussi-tôt à sa maison pour le voir, & pour sceller leurs engagements par de nouvelles promesses ? Qui m'assuroit même que dans la premiere ardeur de leur réconciliation, ils ne se fussent pas déterminés sur le champ à s'éloigner ensemble ? Avois-je quelque résolution à prendre & quelque parti à choisir avant que de m'être procuré toutes ces lumieres ? Ne doutez pas, dis-je au valet de

chambre, que je ne foutienne vos intérêts auprès de mon frere ; mais rendez vous digne de
la protection que vous me demandez , par un
renouvellement de zele. Retournez au couvent de mademoifelle de L... ; apprenez d'elle-
même ou de fes gens ce qui s'eft paffé depuis
votre départ, & rapportez-moi des éclairciffements fi fûrs, que je n'entreprenne rien témé-
rairement.

Je lui donnai ordre de me rejoindre chez
Fincer , où je me fentois comme entraîné par
un mouvement plus fort que la curiofité ou la
compaffion. Il me fembloit que le foin de Sara
devenoit pour moi une obligation plus indif-
penfable que jamais depuis la mort de fon pere.
Avec quelqu'attention qu'on l'eût obfervée , je
ne m'imaginois pas qu'on eût pu lui déguifer
tout-à-fait l'horreur de fa fituation , & je tremblois pour les premieres impreffions que la
moindre défiance auroit produite fur un cœur fi
fenfible. J'entrai chez elle avec cette incertitude.

*Fin de la quatrieme Partie.*

www.ingramcontent.com/pod-product-compliance
Lightning Source LLC
Chambersburg PA
CBHW050005100426
42739CB00011B/2509